Abnehmen im Rhythmus des Mondes

Das Buch

In diesem Buch geht es nicht einfach darum, eine bestimmte Diät zu befolgen, damit die Pfunde nur so purzeln. Der Grundgedanke ist der, seine Lebensweise und Ernährung so weit umzustellen, daß der Körper wieder in einen ausgeglichenen Rhythmus gelangt. Dabei können wir uns den Mond zum Verbündeten nehmen: mit dem abnehmenden Mond Gewicht verlieren und mit dem zunehmenden Mond das Gewicht halten. Im Einklang mit den Mondphasen können Sie schlanker werden, ohne nachher genauso schnell wieder zuzunehmen, wie das bei so vielen Wunderdiäten der Fall ist.

Die Autorin

Angeline Bauer, geb. 1952, ist ausgebildete Tänzerin und seit 1982 hauptberuflich als Autorin tätig. Sie leitet eine Praxis für psychologische Beratung. Ein immer wiederkehrendes Thema in ihren Seminaren ist der Mond und seine symbolische Bedeutung für Frauen.

Angeline Bauer

Abnehmen im Rhythmus des Mondes

Die 28-Tage-Kur für Körper und Seele

Econ Taschenbuch Verlag

Econ Taschenbuch Verlag 2000
Der Econ Taschenbuch Verlag ist ein Unternehmen der
Econ Ullstein List Verlag GmbH & Co. KG, München
Originalausgabe

Lektorat: Dagmar Rosenberger
Umschlagkonzept: Büro Meyer & Schmidt, München - Jorge Schmidt
Titelkonzept und Umschlaggestaltung: Petra Soeltzer, Düsseldorf
Titelabbildung: ZEFA, Düsseldorf; TCL/Bavaria
Die Ratschläge in diesem Buch sind von Autor und Verlag sorgfältig
erwogen und geprüft; dennoch kann eine Garantie nicht übernommen werden.
Eine Haftung des Autors bzw. des Verlages und seiner Beauftragten
für Personen-, Sach- und Vermögensschäden ist ausgeschlossen.
Gesetzt aus der Corporate
Satz: Josefine Urban - KompetenzCenter, Düsseldorf
Druck und Bindearbeiten: Ebner Ulm
Printed in Germany
ISBN 3-612-20669-9

Inhalt

Grundlagen

Mond und Astrologie

Mond und Ernährung

Kochen mit den Elementen

Übungen für die Seele

Grundlagen

Nehmen Sie sich Zeit für Ihre neue Figur!

Wenn Sie mit dem Mond abnehmen möchten, kommen Sie nicht umhin, sich mit der Natur und sich selbst zu beschäftigen. Sie müssen Ihre Lebensweise nach und nach ein wenig verändern. In diesem Buch geht es nicht einfach darum, eine bestimmte Diät zu befolgen, die die Pfunde nur so purzeln läßt. Es handelt sich nicht um eine Wunderdiät, die verspricht, daß Sie pro Woche fünf Kilo und noch mehr verlieren nach dem Motto: Der Mond wird's schon richten! Abnehmen müssen Sie immer noch selbst. Doch Sie können sich den Mond zum Verbündeten machen und sich seiner Kraft bedienen. Er unterstützt Sie dabei, ein neues Gefühl für Ihre Ernährung zu bekommen, gesünder zu leben und dadurch langsam und stetig schlanker zu werden – und zwar ohne nachher genauso schnell oder sogar noch schneller wieder zuzunehmen, wie das so oft der Fall ist.

Die Kraft des Mondes ist keine moderne Erfindung, sie ist da, seit es den Mond gibt. Daß das Bewußtsein dieser Kraft immer mehr verlorenging und erst seit einiger Zeit wieder neu entdeckt wird, liegt daran, daß wir uns in den letzten Jahrzehnten ausschließlich der Technik zugewandt haben. Und daß vieles von dem, was wissenschaftlich nicht zu erklären oder zu belegen ist, als Aberglaube oder Irrlehre abgetan wurde. Der Mensch sucht immer nach Beweisen, aber nicht alles, was nicht zu beweisen ist, muß deshalb auch unwahr sein!

Im ersten Teil dieses Buches möchte ich mit Ihnen zusammen einmal um den Mond wandern, damit wir ihn von allen Seiten betrachten können. Wir werden das erkunden, was man sehen und nachmessen kann, aber auch das, was wir nur aufgrund von Erfahrung und Beobachtung wissen. Nicht immer wird das, worüber ich schreibe, auf den ersten Blick etwas mit Abnehmen zu tun haben. Es ist dafür aber wichtig, die Zusammenhänge zwischen Mondkraft und Körper zu kennen.

Im zweiten Teil dieses Buches werden Sie Kochrezepte sowie Anleitungen zu Imaginationen, Meditationen und Ritualen finden. Damit können Sie sich Ihr ganz persönliches 28-Tage-Programm zusammenstellen. Diese praktischen Hinweise sollen aber nicht als Dogma verstanden werden, sondern lediglich als Anregungen. Inwieweit Sie sich daran halten, sie nach eigenen Erfahrungen oder Ideen abwandeln oder die vorgegebenen Mengen der Mahlzeiten übernehmen, hängt von Ihrem Ermessen ab. Wichtig ist es, sich zu beobachten und ein persönliches Konzept zu entwerfen, bei dem Sie sich wohl fühlen. Denn ausgeglichene, zufriedene Menschen, die im Einklang mit der Natur leben, sind schlanker!

Der Mond in unserem Sonnensystem

Der Mond entstand vor etwa 4,7 Milliarden Jahren und ist unser nächster Nachbar. Seine Umlaufbahn um die Erde ist fast kreisrund. Je nachdem, wo er sich gerade befindet, ist er 384 000 bis 407 000 Kilometer von der Erde entfernt.

Es gibt im wesentlichen drei Theorien über seine Entstehung. Die erste geht davon aus, daß der Mond nach einem gewaltigen Zusammenstoß der noch jungen Erde mit einem anderen Planeten aus Trümmern entstanden ist. Die zweite besagt, daß sich der Mond durch die Zentrifugalkraft von der sich immer schneller drehenden Erde abgespalten hat. Aber die Mehrzahl der Wissenschaftler vertritt eine andere Theorie, nach der der Mond aus der Verdichtung einer Gaswolke entstanden ist.

Der Mond hat, wie alle Planeten, keine eigene Leuchtkraft, er spiegelt lediglich das Licht der Sonne wider. Die Temperaturen schwanken zwischen 300 °C auf der Sonnenseite und minus 173 °C auf der Schattenseite.

Es gibt keine Atmosphäre auf dem Mond, und bis 1998 glaubte

man, es gäbe dort auch kein Wasser. Dann entdeckte man jedoch in einem polnahen Krater Spuren von Eis.
Der Mond hat einen Durchmesser von 3 476 Kilometern und erreicht damit nur etwa ein Viertel des Erddurchmessers. Dadurch ist seine Oberfläche erheblich stärker gekrümmt als die unseres Planeten, und der Horizont liegt bedeutend näher. Heute braucht der Mond etwa 28 Tage, um die Erde zu umkreisen, vor einer Milliarde Jahren schaffte er es in nur 6,5 Stunden! Der Grund: Der Mond entfernt sich jährlich um 3,8 cm von der Erde, wodurch seine Umlaufbahn immer größer wird.

Die Umlaufbahnen von Sonne, Mond und Erde

- Der Mond dreht sich einmal im Monat (genau in 27,32 Tagen) mit einer Geschwindigkeit von 740 Metern pro Sekunde um die Erde und gleichzeitig einmal um sich selbst.
- Die Erde dreht sich einmal am Tag um sich selbst. Die parallele Drehung von Mond und Erde (Fachleute sprechen von »synchroner Rotation«) hat zur Folge, daß von der Erde aus immer nur eine Seite des Mondes zu sehen ist.
- Während sich der Mond einmal pro Monat um die Erde dreht und dabei alle zwölf Sternkreiszeichen durchläuft, wandert die Erde im Laufe eines Jahres einmal um die Sonne.
- Aber auch unser Sonnensystem als Ganzes ist in Bewegung. Es rast mit etwa 250 Kilometern pro Sekunde durch das All – das sind 900 000 Stundenkilometer!

La Luna – *die* Mond

Um die Kraft des Mondes für sich nutzen zu können, ist es wichtig, sein Wesen zu verstehen.

Für die meisten Völker und Volksstämme ist der Mond weiblich, die Sonne hingegen männlich. Das können wir nicht nur aus dem Sprachgebrauch ableiten (der männliche Artikel im Deutschen ist eher die Ausnahme), auch unzählige Mythen und Märchen erzählen davon. Daß der Mond als weiblich gilt, liegt zum einen daran, daß die Frau und der Mond denselben Zyklus haben, zum anderen am symbolischen Gebären des Mondes (Zu- und Abnehmen), und zum dritten daran, daß der Mond in engem Bezug zur Fruchtbarkeit der Natur steht. Nimmt er zu, steigen die Säfte der Pflanzen nach oben, nimmt er ab, wandern sie wieder nach unten. Dies ist nur eine der vielen Weisheiten, die für »Mondgärtner« bei ihrer Arbeit nützlich sind.

Der Mond unserer Ahninnen

In den alten matriarchalischen oder naturbezogenen Religionen war der Mond Symbol der *Großen Mutter*, der Göttin unserer Ahninnen. Man nannte sie auch »die Göttin mit den tausend Namen«. Sie hieß Athene, Artemis oder Selene, Demeter, Ischtar, Galata, Isis, Inanna oder Coyolxaugqui, Hekate, Aphrodite, Allath oder Maria. Auch unserer Gottesmutter war, bevor das Christentum begründet wurde, eine Muttergöttin, so wie der islamische Gott »Allah« vermutlich eine männliche Form der einstigen Göttin »Al-lat« ist, die vor seiner Zeit als Große Mondmutter in der Kaaba in Mekka verehrt wurde. Noch heute sehen wir auf den arabischen Flaggen ihr Symbol, den Halbmond. Und wer sich Marienstatuen in Kirchen einmal genau ansieht, wird immer wieder auf Figuren stoßen, die mit einem Fuß auf einem liegenden Halbmond stehen.

In Zentralasien verstand man den Mond als Spiegel der »Großen Göttin«, bei den Sioux heißt der Mond »Die alte Frau, die nie stirbt«, bei den Irokesen »Die Ewige« und bei den Persern »Mutter, deren Liebe alles durchdringt«.

Das griechische Wort »menos«, von dem sich auch das Wort Menstruation ableitet, bedeutet sowohl Mond als auch Macht. Aber nicht nur bei den Griechen wurden die Begriffe Macht und Mond miteinander verknüpft. In Eritrea z. B. trugen Herrscher den Namen »Mondin«, und im Baskischen gibt es für Gottheit und Mond nur einen Begriff.

Laut Plutarch (römischer Schriftsteller und Philosoph) waren die Impulse der Sonne von Körperkraft und Gewalt bestimmt, die des Mondes hingegen von Vernunft und Weisheit. Auch die Stammväter der Briten scheinen dieser Meinung gewesen zu sein, denn das englische Wort für Mond entspringt demselben Wortstamm wie das Wort für Seele und Verstand – nämlich dem indoeuropäischen »manas«.

In vielen Kulturen wurde früher die Mondgöttin als die Weltenschöpferin betrachtet. So hieß die Schöpferin der Polynesier »Hina«, was Mondin bedeutet, die der Finnen »Luonnotar« (Luna). Luonnotar brütete über dem Meer, und so entstanden das Weltenei, der Himmel und die Erde. »Galata« war die Mondmutter gälischer Stämme, und die ägyptischen Priesterinnen bezeichneten den Mond als Mutter des Universums, weil er »das Licht besitzt, das feucht und schwanger macht und die Zeugung lebender Wesen und die Befruchtung von Pflanzen fördert«.

Wo die Mondin als Göttin verehrt wurde, verkörperte sie nicht allein die Schöpfung. Fast immer wurde sie als Einheit von Geburt, Leben und Tod gesehen. Das entspricht ja auch ihrem ewig gleichen Zyklus am Himmel. Sie galt als die Große Mutter, die Leben gibt und Leben nimmt. »Aus ihrem Schoß kommst Du, in ihren Schoß kehrst Du zurück«, hieß es.

Diese Assoziation von Mond und Göttin, Leben und Tod können wir auf allen Kontinenten finden. Als Todbringerin begegnet sie uns darum nicht weniger oft. In einem Mythos der Mande (Ackerbauern im westlichen Sudan, denen die Kultivierung so wichtiger Pflanzen wie Baumwolle, Sesam, Wassermelone, Kolabaum und Tamarinde zugesprochen wird) heißt es: »In uralter Zeit gab es den Mond noch nicht, und damals gab es auch den Tod noch nicht.« Die Maori (Neuseeland) gaben ihrer Mondgöttin den Namen »Menschenfresserin«. Afrikanische Naturvölker glaubten, daß sich der Mond von Menschen ernährt, und auch die Tartaren sahen in ihrer Mondgöttin eine Menschenfresserin.

Mond und Menstruation

Daß Frauen im Einklang mit dem Mond (der Mondgöttin) menstruieren, hat sie in früheren Zeiten über den Mann erhoben. Durch ihr Blut waren sie sakral, heilig. In unserer heutigen Gesellschaft wird das Monatsblut höchstens mit Peinlichkeit in Verbindung gebracht. Junge Mädchen, die zum ersten Mal bluten, schämen sich, und Frauen, die Binden kaufen, stecken sie hastig ganz nach unten in ihren Einkaufskorb.

Die Begriffe, mit denen die Zeit der Menstruation beschrieben wird, sagen alles: »Ich habe gerade *mein Zeug*«, »bei mir ist *rote Ampel*« - und das Schlimmste, was ich einmal gehört habe: »Ich kriege schon wieder *meine Schweinerei*!«

Daß heutzutage viele Frauen beim Menstruieren so große Schmerzen haben, liegt meiner Meinung nach auch daran, daß Menstruation und Fruchtbarkeit in unserer Gesellschaft mit so vielen Unannehmlichkeiten verbunden sind. Ungewollte Schwangerschaften, Schmerz, Scham, Behinderung bei Beruf und Freizeit – und das alles für ein, vielleicht zwei Kinder, die man irgendwann einmal haben möchte. Das macht die Menstruation, und damit auch die menstruierende Frau, so unattraktiv.

Analog dazu haben viele Frauen heute auch keine Beziehung mehr zum Mond, der ihnen helfen könnte, mit sich und ihrer Natur in Einklang zu kommen, und dessen Kraft sie für sich nutzen könnten. In anderen Kulturen, wie z. B. bei den Mosuo (Bergvolk Südwest-Chinas), wo heute noch das Mutterrecht herrscht, spielen Menstruationsschmerzen oder Probleme mit dem Klimakterium so gut wie keine Rolle.

Neben dem, was Frauen jahrtausendelang selbst an sich beobachtet haben, gibt es auch wissenschaftliche Untersuchungen, die Zusammenhänge von Mond und Menstruation belegen. So haben Professor Dr. Heinrich Guthmann und Dr. Oswald an der Universitätsklinik in Frankfurt am Main umfangreiche Untersuchungen zu diesem Thema angestellt und konnten entsprechende Beweise vorlegen. Der Arzt Eugen Jonas hat in dreißigjähriger Forschung eine Tabelle zur Geburtenkontrolle erarbeitet, die sich nach Menstruationszyklus *und* Mondphasen richtet. Die Erfolgsquote bei Frauen, die nach diesem Kalender verhüteten, betrug 98 Prozent. Andererseits kann dieser Kalender aber auch angewandt werden, um schwanger zu werden. Zahlreiche Frauen, die keine Kinder bekamen, obwohl rein organisch bei ihnen alles in Ordnung war, wurden mit Hilfe von Dr. Jonas' Methode doch noch schwanger.

Aber nicht nur bei den Menschen steht der Fruchtbarkeitszyklus mit dem Mond in Verbindung, sondern auch bei zahlreichen Tieren, vor allem bei solchen, die im Wasser leben. So z. B. bei der Einstundenmücke clunio, die sich nur bei Neu- oder Vollmond fortpflanzen kann, bei Seeigeln, deren Eierstöcke während des Vollmonds anschwellen, beim Palolowurm, einem bis zu 80 cm langen Wurm, der in der Südsee lebt, sowie bei Austern und Muscheln.

Und das ist lange nicht alles – der Einfluß des Mondes auf die Tierwelt reicht von der je nach Mondphase veränderten Schilddrüsenfunktion bei Mäusemännchen bis hin zu Bienen oder Brieftauben, die durch die Gezeiten elektromagnetische Informationen erhalten.

Mit dem Mond ins Gleichgewicht

Gewichtsprobleme sind meist eine Folge davon, daß Körper und Seele aus dem Gleich-Gewicht geraten sind.

Nehmen wir mal an, Sie haben ein schlimmes Erlebnis und geraten in Panik. An wen würden Sie sich wenden, um innerlich wieder ins Gleichgewicht zu kommen? An einen Menschen, der Ruhe ausstrahlt, der Ihnen kompetent erscheint und dem Sie vertrauen. Und was würden Sie von ihm erwarten? Sie würden natürlich nicht davon ausgehen, daß dieser Mensch Ihnen Ihre Probleme abnimmt. Sie würden sich vielmehr erhoffen, daß er einen guten Rat für Sie hat oder Ihnen einfach nur zuhört. Sie wünschen sich, daß Sie nicht alleine sind, daß jemand hinter Ihnen steht und daß sein gutes Vorbild Ihnen Mut macht, die Sache durchzustehen.

Der Mond ist, wenn es um Gewichtsprobleme geht, ein kompetenter, verläßlicher Partner. Er kennt sich aus mit Zu- und Abnehmen, er strahlt Ruhe aus und ist durchaus vertrauenswürdig – schließlich ist er immer da, auch dann, wenn er nicht zu sehen ist, und wenn er schon 4,5 Milliarden Jahre dort droben ausgehalten hat, wird er uns wohl auch noch ein paar Jährchen länger begleiten.

In seinem steten Auf und Ab zeigt er uns etwas sehr Wichtiges: *Wer lebt, ist in Bewegung.* Und: *Wer zunimmt, kann auch wieder abnehmen.*

Aber auch eine andere Einsicht wird dem, der ein wenig über den Mond nachdenkt, in den Sinn kommen: Hat man gerade erfolgreich abgenommen, sollte man sich nicht darauf verlassen, einfach so schlank zu bleiben. Ändert man seine Lebensgewohnheiten nicht, und bringt man sich nicht in ein neues Gleichgewicht, wird man wieder zunehmen. Das ist der berühmte Jojo-Effekt.

Um mit dem Mond wieder ins Gleich-Gewicht zu kommen, sollte man sich mit seinen Phasen vertraut machen und seine Energien verstehen lernen. So kann man sie für sich nutzen, statt unbewußt gegen sie zu arbeiten.

Zur Verdeutlichung, was ich mit »gegen ihn arbeiten« meine, eine kleine Geschichte:

Es ist gerade erster Halbmond, also sieben Tage nach Neumond. In weiteren sieben Tagen wird Vollmond sein. Katrins beste Freundin hat zu ihr gesagt: »Mann, bist du aber fett!« Völlig schockiert steht Katrin nun vor dem Spiegel und betrachtet sich. Tatsächlich, da sind ein paar Fettpölsterchen, die ihr nicht unbedingt gut stehen. Sie beschließt, mit einer radikalen Diät dagegen anzugehen – täglich 800 Kalorien, mehr nicht! Bevor sie mit dieser Radikalkur anfängt, gönnt sie sich noch mal ein paar Tage, an denen sie so richtig zuschlägt. Sie ißt quasi auf Vorrat, weil sie ja später nichts mehr kriegen wird – tja, und das tut sie dann auch im wahrsten Sinne des Wortes. *Denn alles, was man bei zunehmendem Mond, speziell in der Zeit zwischen erstem Halbmond und Vollmond ißt, schlägt gnadenlos an.*

Drei Tage später – inzwischen haben wir zunehmende Rundung, das bedeutet, es ist bald Vollmond – beginnt Katrin mit ihrer 800-Kalorien-Diät. Es ist die reinste Qual für sie, und nach drei Tagen, in denen sie das Gefühl hatte, nichts als Entbehrungen geleistet zu haben, hat sich der Zeiger der Waage nicht einen Millimeter nach links bewegt. Katrin bricht die Diät ab, und aus lauter Frust ißt sie. Am Schluß hat ihr diese ganze unerfreuliche Aktion zwei Kilo mehr eingebracht.

Ganz offensichtlich gehört Katrin zu den Menschen, die in der Zeit um Vollmond noch schwerer entbehren können als sonst. Die Zeit vor Vollmond ist die Zeit der Fülle, und wer ohnehin das Gefühl hat, immerzu entbehren zu müssen, wird nun unter Umständen doppelt leiden. Die Zeit der zunehmenden Rundung, auch »reifender Mond« genannt, ist für Menschen wie Katrin ein ungünstiger Zeitpunkt, mit einer Diät zu beginnen. Besser wäre es gewesen, sie hätte um diese Zeit mäßig gegessen und mit ihrer Diät bis zum zweiten Halbmond (abnehmender Mond) gewartet.

Aber aus Katrins Geschichte läßt sich keine allgemeine Regel ableiten. Ich habe einige Selbsterfahrungsseminare geleitet und bei dieser Gelegenheit die verschiedensten »Mondtypen« kennengelernt. Darunter waren Leute wie Katrin, aber auch Menschen, die völlig gegensätzlich reagiert haben. Besonders gut erinnere ich mich an eine Frau, die ängstlich und unsicher war und dies unter einem dicken Fettpolster zu verbergen versuchte. Nur an den drei bis fünf Tagen um Vollmond herum fühlte sie sich gut und sicher und voller Energie. In dieser Zeit brauchte sie auch kaum zu essen, obwohl sie sonst immerzu in sich reinschaufelte. Damit fing sie erst wieder an, wenn die Zeit »dunkler« wurde, die Angst zurückkam und die Energie abnahm, die sie um Vollmond so beflügelte.

Um dahinterzukommen, wie man selbst physisch und psychisch auf die verschiedenen Mondphasen reagiert, gibt es nur eine Möglichkeit: Man muß sich aufmerksam beobachten. Dem, der dazu bereit ist, zeigt der Mond einen Weg, erfolgreich und ohne Qual abzunehmen.

Kurz zusammengefaßt:

- Ist gerade zunehmender Mond oder Vollmond, befinden wir uns in einer Zeit der Fülle. Der Körper legt Reserven an. In dieser Zeit sollte man besonders darauf achten, was man ißt, denn jetzt nimmt man leichter zu.
- Für Menschen, die um Vollmond herum fasten und diäten können, ist dies ein sinnvoller Zeitpunkt, weil nun alles, was wir essen, anschlägt – essen wir hingegen nichts oder nur wenig, ernährt sich der Körper von innen, zehrt also von seinen Vorräten. Andererseits ist es aber bei psychisch labilen Personen möglich, daß Entbehrungen jetzt doppelt so intensiv erfahren werden.
- Haben wir abnehmenden Mond, fällt es uns meist leichter, loszulassen. Der Körper schwemmt Unnötiges aus, und wir kön-

nen ihn dabei mit einer Fastenkur sinnvoll unterstützen. Andererseits wird sich der große Eisbecher, den wir uns zugute kommen lassen, nicht gleich als Katastrophe auswirken.
Über diese Zusammenhänge werden wir später noch ausführlicher sprechen.

Fülle und Leere

Unsere Gesellschaft ist darauf ausgerichtet zu konsumieren. Dinge kaufen, besitzen oder essen wird mit Glück und Reichtum gleichgesetzt. Dadurch entsteht eine vermeintliche Fülle, aber in Wirklichkeit herrscht durch diesen Überfluß oft innere Leere. Und so mancher kommt gerade damit nicht zurecht und fängt an, diese innere Leere durch Essen zu füllen. Sie kennen ja die Geschichte vom Wasserfaß. Man kann nicht endlos herausschöpfen, es muß auch wieder etwas hinein. Sind das, was Sie in Ihr Faß füllen, um es anschließend entleeren zu können, allerdings Kalorien, wird der Teufelskreis mit den Pfunden nie aufhören!

Vielleicht ahnen Sie schon, worauf ich hinaus will: Auch die Fülle ist wichtig - und wer sie nicht *in sich* hat, wird sie sich unter Umständen anessen.

Schauen wir uns noch mal Katrin an: Aus ihrer Angst vor dem Entbehren läßt sich schließen, daß sie in Wirklichkeit an dem leidet, was ich »emotionalen Hunger« nenne, und der läßt sich mit Nahrung nun mal nicht stillen. Für Katrin wäre es wichtig, nach »emotionaler Nahrung« zu suchen. Damit meine ich keinen Liebhaber, der sie glücklich macht, denn für unser Glück sind wir ausschließlich selbst verantwortlich. Ich meine, sie sollte lernen, ihre inneren Bedürfnisse zu verstehen und auf sie zu hören.

Fühlt sie sich einsam, kann sie das Alleinsein wohl kaum mit Schokolade beheben. Es wäre viel besser, unter Leute zu gehen. Begegnet sie diesem Argument mit der Feststellung, nun mal keine Leute zu kennen, sind wir dem Grund für ihren wirklichen »Hunger« schon ein ganzes Stück näher gekommen. Klar, daß er durch ein halbes Hähnchen mit Pommes nur kurzzeitig gestillt werden würde. Schon zehn Minuten später wäre ein Eis oder ein Stück Kuchen nötig, um den ewigen Hunger nach Aufmerksamkeit, Liebe, Geborgenheit und Anerkennung erneut zu betäuben. Wie Katrin es anstellt, Leute kennenzulernen, weiß sie selbst am besten. Vielleicht besucht sie eine Bauchtanzschule, weil sie gerne tanzt, ihr Bewegung guttut und sie unter den Frauen Gleichgesinnte oder gar eine Freundin finden kann. Vielleicht geht sie schwimmen, schließt sich einem Wanderverein an oder belegt einen Computerkurs. Die Hauptsache ist, sie kümmert sich um ihre seelischen Bedürfnisse.

Seele und Körper bilden also eine Einheit. Ist diese Einheit gestört, brauchen wir einen Freund, einen Verbündeten, der uns mit gutem Rat zur Seite steht. Der Mond ist dafür wie geschaffen. Er zeigt uns, daß es für alles die richtige Zeit gibt. Wer auf der einen Seite (Körper) »abnehmen« will, muß für einen Ausgleich sorgen und auf der anderen Seite (Seele) »zunehmen«. Wer immer nur in der Fülle lebt und nicht lernt, loszulassen, abzugeben, steckt in einer Sackgasse – ebenso wie der, der immer nur entbehrt. Fülle und Leere zusammengenommen ergeben ein Ganzes, und wer lernt, mit beiden umzugehen, wird ganz werden.

Mond und Psychologie

Der Kreis, bzw. die Kugel, gilt in der Psychologie als Symbol der Ganzheit und des Selbst. Ob nun in Träumen, Mythen, religiösen Kulten oder in künstlerischen Darstellungen und Bauwerken - das Motiv des Kreises weist stets auf den Aspekt der ursprünglichen Ganzheit hin.

Auch das Licht ist ein Symbol des Selbst, bzw. des Höheren Selbst oder des Göttlichen. Werden diese beiden Symbole des Göttlichen und Ganzheitlichen - Licht und Kugel - miteinander verknüpft, wird fast immer der Mond assoziiert.

Des weiteren steht der Mond in der Psychologie als Symbol für das weiblich intuitive Prinzip, das nach innen führt, im Gegensatz zum männlichen kraftorientierten Prinzip (Sonne), das nach außen führt.

Beide Prinzipien sind gleichwertig. Sie ergänzen sich und bilden zusammen eine Einheit. Da in unserer Kultur aber das Weibliche als eher minderwertig gilt, wurde diese eine Seite des Ganzen (auch das Weibliche im Mann) vernachlässigt, was zur Einseitigkeit und damit zu einer inneren Verarmung unserer Gesellschaft geführt hat.

Kugel, Licht, weiblich intuitiv, Tod und Wiedergeburt; auch wenn diese symbolische Deutung des Mondes nicht jedem Menschen *bewußt* ist, im Unterbewußtsein versteht er sie sehr gut. Man nennt das ein archetypisches Symbol. Das Wissen darüber kommt aus dem sogenannten kollektiven Unbewußten (C. G. Jung).

Aber darüber hinaus hat der Mond für jeden von uns auch noch seine ganz eigene, individuelle Bedeutung, die abhängig ist von persönlichen Erlebnissen. Wollte man einen Mondtraum tiefenpsychologisch deuten, stünde diese individuelle Bedeutung an erster Stelle. Durch die archetypische Symbolbetrachtung könnte die Bedeutung des Traumes unter Umständen aber noch vertieft werden.

Bestimmte Arten der imaginativen Psychotherapie bedienen sich mit Erfolg der Symbolkraft des leuchtenden (Voll-)Mondes, um Patienten zu heilen. Imaginationen (bildhafte Vorstellungen) vom Mond können helfen, wieder zur eigenen Mitte zu finden. Ich habe diese Erfahrung in meiner Praxis schon häufig gemacht.

Die Wirkungsweise von Imaginationen

Daß Imaginationen wirken, ist keine Frage. Zahllose wissenschaftliche Untersuchungen belegen das. Imaginationen werden seit einigen Jahren sogar als unterstützende Therapie bei Schwerkranken (z. B. bei Krebspatienten) eingesetzt. Die Wirkungsweise von Imaginationen beruht darauf, daß das Unterbewußtsein nicht zwischen dem tatsächlichen Ereignis und der bloßen Vorstellung davon unterscheiden kann. Man könnte auch vereinfacht sagen, es gibt im Gehirn nur eine »Schaltzentrale« für beides.

Beispiel: Wenn Sie Angst vor Hunden haben, Sie es aber in der Vorstellung trotzdem schaffen, einen Hund zu streicheln und Vertrauen zu ihm zu bekommen, hat das für Ihr Unterbewußtsein denselben Effekt, als wäre es tatsächlich geschehen. Auf diese Weise könnten Sie unter kompetenter Anleitung mit der Zeit Ihre Angst vor Hunden überwinden. Im gleichen Maße kann auch die Vorstellung, zu essen, ihre Wirkung tun.

Hier eine Szene, die wir alle wohl so oder so ähnlich schon einmal erlebt haben. Ein paar Leute sitzen zusammen. Es ist spät nachts, man bekommt Hunger, aber nirgends ist noch eine Kneipe geöffnet. »Jetzt wäre mir ein Schnitzel recht«, sagt der eine, und der andere spricht von Hähnchen, Pizza oder einer großen Portion Salat. Man stellt sich all das vor,

schmeckt und riecht es förmlich und glaubt, wenn man noch länger über all die Speisen nachdenkt, verhungern zu müssen.
Klar, man hat sich dabei ja auf »Entbehrung« gepolt. Man stellt sich nur vor, was man haben könnte aber nicht bekommt – und das macht hungrig. Würde man sich in derselben Situation dagegen vorstellen, das Schnitzel oder den Salat mit Genuß zu verzehren und dabei satt und zufrieden zu werden, wäre der Hunger gestillt.

Das Idealgewicht

Wenn ein Mensch plötzlich zunimmt, kann das viele Ursachen haben. Zunächst bedeutet es: Man nimmt mehr Kalorien zu sich, als man verbrennt – oder einfacher ausgedrückt, man ißt zu viel von den falschen Sachen. Andere Gründe sind:

- Schwangerschaft – oft essen Frauen, die in anderen Umständen sind, für zwei, was keinesfalls nötig ist. Häufig ist die Schwangerschaft eher ein Vorwand, alles essen zu dürfen, worauf man Lust hat. Das Ergebnis: zehn Kilo zuviel, die nach der Geburt nur mit aller Mühe – und oft auch gar nicht mehr – runtergehungert werden können.
- Mit dem Rauchen aufhören – ebenfalls kein Grund, dicker zu werden, denn das Rauchen verzehrt täglich nur maximal 200 Kalorien. Weil man dann aber oft zu etwas Eßbarem greift, um die Sucht zu ersetzen, schnellt der Zeiger der Waage nach oben.
- Essen, um den emotionalen Hunger zu stillen – eine böse Falle, denn diese Art von Hunger kann nur auf der emotionalen Ebene gestillt werden.
- Gesundheitliche Gründe, wie z. B. die Unterfunktion der Schilddrüse – ein Grund, der oft angeführt wird, aber nur selten zutrifft.
- Die Einnahme von bestimmten Medikamenten oder Hormonpräparaten, wie z. B. der Pille – auch wenn Ärzte behaupten, bestimmte Pillensorten würden keinesfalls dick machen, ist das leider nicht für jede Frau zutreffend.
- Es ist sehr heiß oder gerade die Zeit um Vollmond – dann speichert der Körper mehr Wasser, und das macht sich auf der Waage bemerkbar.
- Das Alter – viele Frauen, die bis zu ihrem 40. Lebensjahr keine Probleme mit dem Gewicht hatten, nehmen plötzlich zu. Es sollte sie nicht wundern, denn im Fett werden Hormone gespeichert,

die unter anderem helfen, Osteoporose zu verhindern. Da hat die Natur für uns vorgesorgt! Fettreserven sind bis zu einem gewissen Grad also durchaus gesund. Natürlich sollte man darauf achten, daß das Zunehmen nicht außer Kontrolle gerät. Aber Frauen, die mit 40 und 50 Jahren unbedingt aussehen wollen, als wären sie noch 18 und sich deshalb mit aller Gewalt schlank hungern, tun sich nichts Gutes!

Möglicherweise hat ein Mensch nur deshalb Probleme mit dem Gewicht, weil er seinem Körper ein bestimmtes Gewicht aufzwingen will. Aber nicht alle Menschen sind gleich, wenn uns das Mode und Werbung auch manchmal so vorgaukeln. Uns allen wird über unsere Erbanlagen eine Grundausstattung mitgegeben. Der eine ist groß, der andere klein, der eine von rundlicher, der andere von schlanker Statur. Mit aller Gewalt gegen seine individuelle Statur anzukämpfen ist nicht nur sinnlos, es macht auch unzufrieden. Unzufriedene Menschen aber neigen dazu, dick zu werden, oder sind nicht schlank, sondern *vergrämt hager.*

Wer abnehmen will, sollte sich deshalb vorher intensiv mit sich selbst beschäftigen und auf folgende Fragen eine Antwort suchen:

- Warum will ich abnehmen?
- Was will ich damit bezwecken?

Lauten die Antworten: »Ich liege deutlich über dem Idealgewicht, das schadet meiner Gesundheit.« und »Ich möchte meinem Körper etwas Gutes tun und ihn pflegen«, wäre das ein Zeichen, daß Sie etwas für sich tun wollen.

Würden sie hingegen lauten: »Ich bin nicht schön genug, die neue Mode steht mir nicht, der Mann meines Herzens liebt nun mal nur knabenhaft schlanke Frauen. Nur wenn ich schlank bin, werde ich geliebt!«, würde das zeigen, daß Sie etwas für andere tun wollen, um auf diesem Weg Anerkennung zu finden. Keine Angst, ich verlange jetzt nicht von Ihnen, Ihre Antwort zu bewerten. Welchen Grund Sie auch immer haben, abnehmen zu wollen, es ist Ihr gutes Recht! Nur bin ich der Meinung, wir sollten wissen, *was* wir *warum* tun. Nur so haben wir die Chance, uns unserer selbst bewußt zu werden. Und wenn Sie wissen, daß Sie die Anerkennung anderer brauchen, weil Sie sich selbst nicht genügend lieben, können Sie vielleicht schon auf die eine oder andere Praline verzichten, weil Ihnen klargeworden ist, daß Sie keinen richtigen Hunger haben, sondern unter emotionalem Hunger leiden.

Der nächste Schritt ist, sich im Spiegel zu betrachten, ohne sich dabei selbst zu bewerten oder gar niederzumachen. Was hat Ihnen die Natur mitgegeben? Was könnten Sie an Ihrer Figur verändern, ohne sich Gewalt anzutun? Sind Sie klein und rundlich gebaut und beabsichtigen, langbeinig und flachbrüstig zu werden? Dann schlagen Sie dieses Buch schnell zu und verschenken es an eine Freundin. Sie werden nämlich nichts als Frust erleben!

Wenn es Ihnen aber darum geht, ein paar Kilo loszuwerden, die Sie sich über die Jahre so nach und nach zugelegt haben, oder darum, sich wieder ein bißchen wohler in Ihrer Haut zu fühlen, sich zu »entlasten« und eine gesündere Einstellung zu Nahrung und Ihrem Körper zu bekommen, dann haben Sie mit dem Mond als Wegbegleiter gute Chancen, nicht nur schlanker, sondern auch selbstbewußter und zufriedener zu werden.

Imaginationsübung »Finden Sie Ihr persönliches Idealgewicht«

Lesen Sie sich die Imaginationsübung erst ein paarmal in Ruhe durch, damit Sie sehen, worum es dabei geht. Dann führen Sie diese Übung selbst aus.

Legen Sie sich bequem hin. Sofern vorhanden, schalten Sie eine leise Meditationsmusik ein, und beobachten Sie eine Weile Ihren Atem, ohne ihn dabei zu verändern. Horchen Sie einfach nur in sich hinein. Wenn dabei Gedanken aufkommen, nehmen Sie sie wahr und lassen sie wieder gehen, wie eine Wolke, die vorüberzieht. Dann atmen Sie ein- oder zweimal tief ein und langsam wieder aus und lassen dann den Atem wieder ganz ruhig fließen.
Jetzt stellen Sie sich einen sternenlosen Nachthimmel vor. In der Dunkelheit vor Ihrem inneren Auge wächst langsam eine schmale Lichtsichel, die nach und nach immer breiter wird. Es ist der Mond, der zunimmt. Lassen Sie ihn so lange wachsen, bis Sie das Gefühl haben, jetzt entspricht er auf der Skala von Neumond (nicht vorhanden) bis Vollmond (ganz rund) Ihrer Figur. Halten Sie den Mond dann an und dieses Bild eine Weile vor Ihrem inneren Auge fest. Und vergessen Sie nicht: Sie sind ganz alleine, niemand sieht, was Sie sehen, es gibt also keinen Grund zu schummeln.
Dann lassen Sie den Mond weiterwachsen, bis er ganz voll ist und schließlich wieder abnimmt. Lassen Sie ihn so lange »schlanker werden«, bis Sie das Gefühl haben, jetzt entspricht er Ihrer ganz persönlichen Idealstatur. Damit meine ich nicht die Figur, von der Sie träumen und die vielleicht unrealistisch ist und deshalb nie erreicht werden kann. Ich meine die Figur, bei der Ihr Körper sein persönliches Gleichgewicht gefunden

hat. Ihr Unterbewußtsein kennt diese Figur. Vertrauen Sie darauf!
Haben Sie dieses Bild vor sich, halten Sie den Mond wieder an, betrachten Sie das Bild eine Weile, *nehmen Sie es ganz in sich auf*, ohne es zu bewerten oder zu versuchen, den Mond doch noch ein wenig schlanker werden zu lassen. Anschließend lassen Sie den Mond weiter abnehmen, bis er nicht mehr da ist und Sie wieder den schwarzen Nachthimmel vor Augen haben. Dann atmen Sie ganz tief durch, recken sich mehrmals, so wie nach dem Aufwachen, und öffnen Sie die Augen.

Wiederholung der Imaginationsübung in Kurzfassung:
- Atmen und zur Ruhe kommen.
- Sie stellen sich den Mondlauf von Neumond bis Neumond vor, wobei Sie ihn zweimal anhalten.
- Erstes Mal: zunehmender Mond, entsprechend Ihrer derzeitigen Statur.
- Zweites Mal: abnehmender Mond, entsprechend Ihrem natürlichen Idealgewicht.

Nach dieser Imaginationsübung setzen Sie sich am besten hin und malen beide Monde. Den zunehmenden, so wie Sie gerade sind, und den abnehmenden, so wie Sie werden könnten. Dabei kommt es überhaupt nicht darauf an, wie schön Ihre Bilder sind, sondern nur darauf, daß sie den inneren Bildern, bzw. Ihrer persönlichen Skala, entsprechen. Bewahren Sie die Bilder auf, damit Sie sich wieder ins Bewußtsein rufen können, was Sie im Unterbewußtsein als Ihr persönliches Idealgewicht erkannt haben, und nehmen Sie sich vor, genau dieses Gewicht zu erreichen. Dazu müssen Sie nicht wissen, wie viele Kilo die Waage dazu anzeigen müßte – Ihr Unterbewußtsein braucht solche Hilfsmittel nicht!

Eßsucht

Auch Eßsüchtige leiden nicht unter Hunger, sondern unter emotionalem Hunger. Das Wort Sucht kommt von Suchen. »Was suche ich?« wäre die Frage, die sich Eßsüchtige stellen sollten. Oder: »Welchen sekundären Gewinn bringt mir das Essen?«

Ein möglicher »sekundärer Gewinn« (meint den hintergründigen, nicht offensichtlichen Gewinn bei einer Sache) wäre, sich einen Schutzwall, ein dickes Fell, gegen die psychischen oder physischen Übergriffe auf die eigene Person anfuttern zu wollen. Wichtig: Ein Mensch, der Angst vor solchen Übergriffen hat, würde sich ohne diese Schicht schutzlos fühlen. Deshalb würde er sich unbewußt gegen das Abnehmen wehren. *Aus diesem Grund muß er neben dem Abnehmen auch lernen, sich abzugrenzen.* Hierzu eine Imaginationsübung:

Geschützt im Mondkreis

Legen Sie sich bequem hin. Sofern vorhanden, legen Sie sich eine leise Meditationsmusik auf, und beobachten Sie eine Weile Ihren Atem, ohne ihn dabei zu verändern. Horchen Sie einfach in sich hinein. Wenn dabei Gedanken aufkommen, nehmen Sie sie wahr und lassen sie wieder gehen, wie eine Wolke, die vorüberzieht. Dann atmen Sie einige Male tief ein und wieder aus und lassen dann den Atem wieder ganz ruhig fließen.

Jetzt suchen Sie sich in Ihrer Vorstellung einen Ort, an dem Sie sich sicher fühlen. Ziehen Sie einen Kreis um sich, in dem Sie so viel Platz haben, wie Sie zu Ihrer Sicherheit brauchen, und setzen Sie sich genau in die Mitte dieses Kreises. Nun

bitten Sie den Mond, Ihren Kreis mit seinem magischen Licht zu füllen. Dieses magische Licht ist wie eine Schutzhülle, und es schenkt Ihnen Wärme und Geborgenheit. Niemand kann in den Lichtschein treten, es sei denn, Sie würden es ihm ausdrücklich erlauben.
Stellen Sie sich dieses Bild so lange vor, wie Sie es vor Ihrem inneren Auge halten können oder bis Sie das Gefühl haben, daß es für heute genug ist. Dann atmen Sie mehrmals tief durch, recken Sie sich, und öffnen Sie die Augen.
Wiederholen Sie diese Übung anfangs täglich, später bei Bedarf.

Oder geht es gar nicht um den Schutz, und suchen Sie nach Liebe und Anerkennung? Ist das Essen Ersatz für Aufmerksamkeit?

Für diesen Fall möchte ich dieselbe Imagination um ein Bild erweitern.

Kind im Mondkreis

Legen Sie sich bequem hin. Sofern vorhanden, legen Sie sich eine leise Meditationsmusik auf, und beobachten Sie eine Weile Ihren Atem, ohne ihn dabei zu verändern. Horchen Sie einfach sich hinein. Wenn dabei Gedanken aufkommen, nehmen Sie sie wahr und lassen sie wieder gehen, wie eine Wolke, die vorüberzieht. Dann atmen Sie einige Male tief ein und wieder aus und lassen dann den Atem wieder ganz ruhig fließen.
Jetzt suchen Sie sich in Ihrer Vorstellung einen Ort, an dem Sie sich sicher fühlen. Ziehen Sie mit einem magischen Stab

einen Kreis um sich, in dem Sie so viel Platz haben, wie Sie zu Ihrer Sicherheit benötigen, und setzen Sie sich genau in die Mitte dieses Kreises. Nun bitten Sie den Mond, Ihren Kreis mit seinem magischen Licht zu füllen. Dieses magische Licht ist wie eine Schutzhülle, und es schenkt Ihnen Geborgenheit und Wärme.

Nun stellen Sie sich vor, daß ein kleines Kind in diesen Lichtkreis tritt – und dieses kleine Kind sind Sie selbst. Nehmen Sie dieses Kind in den Arm, halten Sie es fest, und schenken Sie ihm all das, was Sie selbst an Liebe und Aufmerksamkeit vermissen.

Stellen Sie sich dieses Bild so lange vor, wie Sie es vor Ihrem inneren Auge halten können oder bis Sie das Gefühl haben, daß es für heute genug ist. Dann atmen Sie mehrmals tief durch, recken Sie sich, und öffnen Sie die Augen.

Wiederholen Sie diese Übung, so oft es Ihnen gut tut.

Eine Sucht muß ersetzt werden – dies ist eine Regel, die viele von uns intuitiv befolgen. Menschen, die mit dem Rauchen aufhören, nehmen, wenn der Drang nach einer Zigarette nicht mehr bezwungen werden kann, meist ein Bonbon, einen Kaugummi oder sonst irgend etwas in den Mund. Bei den anonymen Alkoholikern wird die Droge Alkohol oft durch den Glauben an Gott oder an eine andere Kraft ersetzt, die Halt geben kann. Das ist allerdings nur dann sinnvoll, wenn der Ersatz selbst sinnvoll oder zumindest nicht schädlich ist. Wenn ich damit aufhören will, ständig Schokolade in mich hineinzufuttern und die Sucht nach Zucker durch das Trinken von Alkohol ersetze, bin ich natürlich keinen Schritt weiter. Deshalb ist es wichtig, sich in aller Ruhe zu überlegen, wodurch man seine Sucht sinnvoll ersetzen kann.

Hier ein paar Vorschläge:

Immer wenn der Hunger kommt:

- ein Glas Wasser, verdünnten Grapefruitsaft, grünen Tee oder etwas ähnliches trinken. Das füllt den Magen und nimmt das Hungergefühl;
- Lieblingsmusik einschalten und ausgelassen tanzen;
- langsam und genüßlich eine Möhre kauen;
- einen Kaugummi ohne Zucker oder besser noch ein paar Dinkelkörner kauen;
- sich eine Beschäftigung suchen;
- eine der oben beschriebenen Imaginationen durchspielen oder das folgende imaginieren: Setzen Sie sich bequem hin, schließen Sie die Augen, und stellen Sie sich vor, satt und zufrieden unter einem Baum zu sitzen. Halten Sie sich dieses Bild so lange wie möglich vor Augen.

Mond und Astrologie

Für die Astrologen ist der Mond Mittler zwischen Geist und Körper. Diese Vorstellung ist uralt. Immer wieder sprechen Schöpfungsmythen davon, daß die Seelen Verstorbener auf den Mond warten, bis sie wiedergeboren werden. Außerdem steht der Mond in der Astrologie für das Mütterliche, das Weibliche und die Frau als Partnerin. Die Körperpartien, mit denen der Mond in der Astrologie in Verbindung gebracht wird, sind Magen, Bauch, Darm und Blase sowie die weiblichen Geschlechtsorgane und damit verbunden auch Menstruation, Schwangerschaft und Geburt. Ebenso hängt er mit dem gesamten Flüssigkeitshaushalt des Körpers zusammen.

Wie wir sehen können, ist der Bezug des Mondes astrologisch gesehen einerseits ganz auf das Weibliche und andererseits auf die Verdauung abgestimmt.

Um mit dem Mond abnehmen zu können, ist es nötig, die Begriffe *»Mondphasen«* und *»aufsteigender«* bzw. *»absteigender Mond«* zu kennen und die Elementezuordnung zu verstehen. Lesen Sie darum die folgenden Seiten bitte besonders aufmerksam. Was nützt schließlich eine Uhr, wenn man sie nicht lesen kann!

Die Mondphasen

Die Mondphasen ergeben sich aus der Stellung des Mondes zu Erde und Sonne. Spricht man vom »Mondalter«, ist der jeweilige Stand des Mondes (Mondphase) gemeint.

Bei Neumond steht der Mond zwischen Sonne und Erde, und beide gehen zusammen auf und unter. Weil in dieser Phase nur seine Rückseite von der Sonne beleuchtet wird, ist er für uns nicht sichtbar. Während der Mond nun auf seiner fast kreisrunden Bahn um die Erde wandert und damit seine Stellung zur Sonne verändert, wird durch die Sonnenbestrahlung mit jedem Tag etwas mehr von ihm sichtbar. Steht er der Sonne dann genau gegenüber, das ist nach knapp 14 Tagen der Fall, wird die gesamte der Erde zugewandte Seite von der Sonne beleuchtet, und wir haben Vollmond. Auf seiner weiteren Wanderung wird die von der Sonne beleuchtete Fläche dann im selben Maße wieder kleiner – der Mond nimmt ab, bis zu Neumond.

Daraus ergeben sich vier Mondphasen ● und vier Zwischenphasen ❍. Gerechnet wird immer ab Neumond:

● Neumond – der neue Mond, auch toter Mond (Konjunktion)
❍ Zunehmende Sichel – der pflanzende Mond
● Erster oder zunehmender Halbmond – der wachsende Mond
❍ Zunehmende Rundung – der reifende Mond
● Vollmond – der Erntemond (Opposition)
❍ Abnehmende Rundung – der gebende Mond
● Zweiter oder abnehmender Halbmond – der wandelnde Mond
❍ Abnehmende Sichel – der stille Mond

Wenn Sie zum Himmel sehen und unsicher sind, ob der Mond nun gerade zu- oder abnimmt, hilft Ihnen als Eselsbrücke folgendes Bild:

Stellen Sie sich eine große runde Scheibe am Himmel vor, hinter der sich der Mond von links nach rechts vorbeischiebt. Ist er noch links der Scheibe sichtbar, nimmt er ab, ist er schon rechts der Scheibe sichtbar, nimmt er zu.

Die Einflüsse des zu- oder abnehmenden Mondes

Seit jeher haben die Menschen den Mond in ihre Lebensgestaltung mit einbezogen. Die kräuterkundigen Frauen, später als Hexen verschrien, richteten sich bei der Ernte ihrer Heilkräuter grundsätzlich nach dem Mondstand. Auch für Gärtner, Förster und Bauern war der Mondkalender ein unverzichtbares Hilfsmittel für ihre Arbeit. Erst in unserer modernen Zeit ging das Wissen um die verschiedenen Mondqualitäten und ihre Wirkungsweise verloren.

Auch wenn die Wissenschaft keine schlüssigen Beweise hat, steht für die meisten Menschen außer Frage, daß der Mond das Leben auf der Erde beeinflußt. Nehmen wir nur einmal die Gezeiten (Ebbe und Flut) und den oft zu beobachtenden Wetterwechsel zu Neumond. Oder die Tatsache, daß bei Vollmond mehr Babys geboren werden, bei Operationen nachweislich mehr Komplikationen auftreten, manche Menschen unruhiger schlafen, aggressiv, depressiv oder sogar »mondsüchtig« werden. Der Einfluß der anderen Mondphasen ist für die meisten von uns nicht so deutlich erkennbar. Dennoch sind sie für den, der lernt, sich genau zu beobachten, genauso wahrzunehmen.

Für unsere Vorfahren waren solche Beobachtungen bei Mensch, Tier und der gesamten Vegetation noch selbstverständlich. Man kannte die Regeln und befolgte sie gewissenhaft:

Der zunehmende Mond ist eine Zeit des Einatmens, Aufnehmens und Behaltens. In der Natur steigen die Säfte nach oben, der Fülle entgegen.

Der abnehmende Mond ist eine Zeit des Ausatmens, Abgebens und Loslassens. In der Natur steigen die Säfte nach unten, der Leere entgegen.

Diese sehr einfache Regel ist leicht zu merken. Eine kleine Übung kann zusätzlich als Eselsbrücke dienen:

Setzen Sie sich bequem hin, und schließen Sie die Augen. Jetzt holen Sie richtig tief Luft, pumpen Sie Ihren Körper mit Sauerstoff voll, und halten Sie die Luft ein paar Sekunden an. Dabei wird sich Ihr Brustkorb heben, der Sauerstoff dehnt ihn aus, er *»nimmt zu«* und behält das, was Sie ihm zugeführt haben. Denken Sie dabei: zunehmender Mond = Behalten. Dann lassen Sie den Atem ganz langsam aus Ihrer Lunge fließen, atmen Sie aus, bis Ihre Lungen ganz leer sind. Ihr Brustkorb wird sich senken, er *»nimmt ab«*, und Sie geben her, was Sie ihm zugeführt haben. Denken Sie dabei: abnehmender Mond = Loslassen. Wiederholen Sie diese Übung mindestens dreimal hintereinander.

Wenn Sie in Zukunft wissen möchten, welche Mondphase nun eigentlich was unterstützt, denken Sie einfach an diese Übung. Wenn Sie etwas »loslassen« wollen, sollten Sie darauf achten, daß abnehmender Mond oder Neumond ist (oder alternativ absteigender Mond), denn für Ihren Körper ist dies eine Zeit des Ausschwemmens. Sie unterstützen also seine natürlichen Funktionen. Wollen Sie sich aber etwas zukommen lassen, z. B. eine aufbauende Gesichtsmaske, warten Sie besser, bis zunehmender Mond ist (oder alternativ aufsteigender Mond).

Die Wirkungsweisen der einzelnen Mondphasen

Neumond

Wenn Neumond ist, sind sich Sonne und Mond am nächsten. Sie gehen gemeinsam auf und unter, *und sie stehen in dieser kurzen Zeit grundsätzlich im selben Tierkreiszeichen.* Zu dieser Zeit ist das Bewußtsein erweitert und empfänglich für neue Impulse. Soll etwas »eingeleitet« werden, ist jetzt ein guter Zeitpunkt dafür.

Unsere Vorfahren haben diese Mondzeit auch »toter Mond« genannt. Damit spielten sie auf den ewigen Kreislauf der Natur an. Etwas Altes stirbt, etwas Neues wächst nach. So steht der Neumond für Ende und gleichzeitig auch für Neubeginn. Dieses Bild hilft zu verstehen, welche Kraft im Neumond liegt. Wenn ich also alte Gewohnheiten (z. B. zuviel Essen oder Rauchen) aufgeben möchte, ist der Neumond ein geeigneter Helfer. Aus diesem Grund ist die Zeit um Neumond herum, bzw. die vorangehende Phase (abnehmende Sichel), für den Beginn einer Diät ideal.

Der pflanzende Mond, auch Pflanzmond genannt (zunehmende Sichel)

Der beginnende zunehmende Mond geht schon nachmittags auf und bereits um Mitternacht wieder unter. Seine Energie ist noch stark vom Neumond überschattet. Bildlich kann man sich die Kraft dieser ersten Zwischenphase so vorstellen: Ein Samenkorn (es steht für den Entschluß, die Idee), das man bei Neumond gesät hat, schält sich aus seiner schützenden Umhüllung und beginnt zu wachsen.

In der Natur steigen die Säfte jetzt nach oben. Damit nimmt die

Wirkung der aufbauenden Maßnahmen zu. Konkret heißt das: *Alles, was Sie Ihrem Körper jetzt zuführen, wird sich im selben Maße, wie der Mond zunimmt, immer nachhaltiger auswirken* - sowohl Positives (Massage, nährende Gesichtsmaske) als auch Negatives (zuviel Alkohol, Operationen).

Operationen, sofern sie tatsächlich nötig sind, haben im Endeffekt eine heilende/helfende Wirkung. So gesehen sind sie natürlich als etwas Positives zu betrachten. Aber der Körper erfährt eine Operation zuerst einmal als massiven Eingriff – er wird aufgeschnitten, ihm wird Gewalt angetan. Außerdem neigt der Körper bei Vollmond zu extrem starken Blutungen. Operative Maßnahmen sollte man deshalb, wenn möglich, auf die Zeit des abnehmenden Mondes verlegen, am besten zwischen abnehmender Rundung und zunehmender Sichel.

Zunehmender oder auch erster Halbmond (der reifende Mond)

Etwa sieben Tage nach Neumond steht der Mond bei Sonnenuntergang bereits als halbe Scheibe am Himmel. Dieses Mondalter nennen wir »zunehmender Halbmond« oder auch »erster Halbmond«. Wer geübt darin ist, sich genau zu beobachten, wird feststellen, daß seine Energie zu diesem Zeitpunkt bereits zugenommen hat. Alles steht jetzt im Zeichen des Wachsens und der Aufnahme. Leider bedeutet das aber auch, daß sich Nahrung viel schneller in Form von Fettpölsterchen festsetzt als in der Zeit des abnehmenden Mondes. Andererseits ist man körperlich fit; eine gute Zeit für sportliche Leistungen und das Abtrainieren überflüssiger Pfunde.

Der reifende Mond (zunehmende Rundung)

Die Mondenergie strebt ihrem Höhepunkt entgegen. Viel Mondlicht symbolisiert viel Klarheit. »Mondfühlige« Menschen werden bereits unruhig und strotzen vor Energie. Für sie ist die Qualität des Vollmondes schon zu spüren.

In der Natur sind die Säfte in den Pflanzenteilen nach oben gestiegen, die Selbstheilungskräfte des Körpers sind optimal. Mit dem Essen sollte man jetzt aber zurückhaltend sein und nur Leichtes zu sich nehmen. Wer sich verwöhnen möchte, sollte sich lieber pflegen statt zu essen, der Körper wird es ihm danken. Und noch ein Tip: Nutzen Sie diese Energie, um auf andere Menschen zuzugehen, denn es ist eine gute Zeit, Kontakte zu knüpfen und Pläne zu verwirklichen.

Vollmond

Bei Vollmond stehen sich Sonne und Mond exakt gegenüber. Astrologen nennen diese Stellung auch Opposition. Der Mond wird nun frontal von der Sonne beschienen, wodurch für uns 59 Prozent seiner Oberfläche sichtbar werden.

Die eindringliche Wirkung des Vollmondes auf das Erdgeschehen ist statistisch zu belegen. Es gibt mehr Geburten und mehr Sterbefälle als sonst. Menschen leiden an Schlaflosigkeit und innerer Unruhe, bei Epileptikern mehren sich die Anfälle, und manch einer schlafwandelt sogar. Die Selbstmordrate steigt, Unfälle und Gewalttaten häufen sich – auf Polizeiwachen und in Krankenhäusern ist der Teufel los.

Kurz: Die Zeit um Vollmond ist energiegeladen wie keine andere Zeit, und sie ist hell wie keine andere Zeit. Ist Vollmond, sehen wir klarer. Wir erkennen deutlicher unsere Stärken und Schwächen und sind offener, auch nach außen hin. Fülle, Energie und Licht sind drei Begriffe, die mit dem vollen Mond in Verbindung stehen. Menschen, die in dieser Zeit leiden oder »verkehrt« sind, haben keinen Weg gefunden, diese enormen Kräfte für sich zu nutzen, darum scheinen sie sich gegen sie zu wenden. Erfahrungsgemäß haben diese Leute aber auch noch gar nicht nach einem solchen Weg gesucht.

Angst vor dem Mond – ein Fallbeispiel

Eines Tages kam eine junge Frau in meine Praxis, die Angst vor dem Mond hatte. Bilder von Werwölfen und von schicksalhaften Kräften und Mächten spielten da hinein. Diese Angst nahm mittlerweile für sie unerträgliche Formen an. Anfangs hatte sie den Vollmond nur nicht ansehen können, später war es ihr immer schwerer gefallen, sich bei Vollmond draußen zu bewegen. Schließlich konnte sie bei Vollmond nicht einmal mehr Auto fahren, geschweige denn sich im Freien aufhalten. Imaginationsübungen mit dem Mond brachten bald Besserung. Sie konnte den Mond nun wieder ansehen und traute sich sogar, bei Vollmond mit dem Auto zu fahren. Einen Spaziergang wollte sie aber noch nicht wagen. Weil die junge Frau leidenschaftliche Reiterin war und ich zwei Pferde besaß, schlug ich ihr zum nächsten Vollmond einen gemeinsamen Nachtritt vor, und sie ging tatsächlich darauf ein. Zu Pferd fühlte sie sich irgendwie sicherer als zu Fuß. Sie schaffte diesen Ritt nicht nur, sie fing sogar an, dem Mond, wie sie sich ausdrückte, »etwas abzugewinnen«. Noch eine Vollmondperiode später gingen wir zusammen zu einem Ort, den sie aufgrund von Erlebnissen in ihrer Jugend mit Werwölfen verband. Die junge Frau vollführte dort unter meiner Anleitung und unter meinem Schutz ein Ritual, das ihr helfen sollte, den Werwolf (das heißt die Vorstellung davon) loszulassen. Von da an war sie nicht nur von ihren Ängsten befreit, son-

dern sie fing auch an, sich die Kraft und die Energie des Mondes mittels Tanz und Meditation zunutze zu machen. Heute ist sie ein echter Vollmondfan. Es geht ihr ausgesprochen gut zu dieser Zeit, und sie fühlt sich voll in ihrer Kraft.
Ich erzähle diese Geschichte, um Lesern Mut zu machen, die glauben, bei Vollmond einer negativen Energie ausgeliefert zu sein. Die Energie des Vollmondes ist neutral. Wie wir sie nutzen, ist ganz allein unsere Entscheidung. Wir können die Verantwortung für uns und unser Verhalten nicht an den Mond abgeben.

Der gebende Mond (abnehmende Rundung)

Da Sonne, Mond und Erde in ihrer Stellung zueinander keinen Moment verharren, sind weder Neu- noch Vollmond ein fest fixierter, anhaltender Zustand. Kreuzt der Mond in einem Moment die Sonne, ist er im nächsten schon wieder auf seinem Weg von ihr weg oder zu ihr hin. Zwei Tage nach Vollmond sieht er schon wieder ein bißchen abgeflacht aus, und sowohl seine Leuchtkraft als auch seine energetische Wirkung nehmen ab. Aber selbstverständlich sind die Einflüsse des Vollmondes noch deutlich zu spüren. Je nach Empfindsamkeit des Menschen und dem Stellenwert des Mondes in seinem Horoskop kann die Wirkung sogar bis zu fünf Tage vorab- oder nachwirken (das bezieht sich selbstverständlich auch auf die Phase Neumond).

Während der Körper bei zunehmendem Mond Flüssigkeit speichert (»behält«), was sich oft in geschwollenen Beinen oder auf der Waage bemerkbar macht, schwemmt er jetzt aus. So ist auch zu erklären, weshalb Sie ganz plötzlich und ohne Ihr Zutun ein Pfund leichter geworden sind. Sie haben wahrscheinlich kein Fett, sondern Flüssigkeit verloren.

Daß dieses Mondalter auch »gebender Mond« genannt wird, mag damit zusammenhängen, daß in der Natur die Säfte nun langsam wieder absteigen. Ganz langsam beginnt das Loslassen (Her-geben), das die Zeit zwischen Vollmond und Neumond charakterisiert.

Auch die Menschen sind jetzt eher geneigt, abzugeben. Einerseits stehen sie noch unter dem Einfluß des Vollmondes, das heißt, sie sind noch offen und voller Energie, andererseits macht sich aber bereits die Qualität des abnehmenden Mondes bemerkbar.

Der wandelnde Mond (abnehmender oder auch zweiter Halbmond)

Während in der vorherigen Phase noch die Kraft des vollen Mondes spürbar war, ist jetzt bereits die Qualität des abnehmenden Mondes vorherrschend. In der Natur steigen die Säfte nun deutlich ab. Der Körper ist in dieser Zeit bereit, auszuschwemmen, und wer sich reinigen und entgiften möchte, kann seinen Körper durch entsprechende Maßnahmen unterstützen. Andererseits kann man in dieser Zeit des Loslassens ruhig einmal ein bißchen über die Stränge schlagen, ohne daß sich das gleich auf der Waage bemerkbar machen wird, denn der Körper verwertet die Nahrung nicht in dem Maße wie bei zunehmendem Mond.

Auch seelisch findet ein Wechsel vom Vollen ins Leere statt. Sich »leer machen« – dazu gehört auch der Blick nach innen. Es ist eine gute Zeit für Meditationen.

Der stille Mond (abnehmende Sichel)

Nun stehen Sonne und Mond sich wieder näher, und immer weniger ist vom Mond zu sehen. Während wir um Vollmond herum eher nach außen orientiert waren, begünstigt diese Zeit den Blick nach innen. Ausschwemmen und Loslassen sind die vorherrschenden Qualitäten dieses Mondalters. Reinigung von Leib und Seele. Eine gute Zeit für Meditation und Heilfasten. Und eine gute Zeit für Operationen, wenn sie sich wirklich nicht umgehen lassen.

Der aufsteigende und der absteigende Mond

Will man mit dem Mond abnehmen, ist es wichtig, auch die Begriffe »aufsteigender« bzw. »absteigender Mond« zu kennen. Sie beziehen sich nicht auf die Astronomie, sondern auf die Astrologie, und haben nichts mit dem Zu- oder Abnehmen des Mondes zu tun.

Die aufsteigende Kraft

Am einfachsten ist es, die Begriffe auf- und absteigend mit Hilfe der Sonne zu erläutern. Die Sonne durchwandert während eines Jahreslaufes einmal alle zwölf Tierkreiszeichen. All jene Tierkreiszeichen, die zwischen der Wintersonnenwende (21. Dezember) und der Sommersonnenwende (21. Juni) liegen - das sind Schütze, Steinbock, Wassermann, Fische, Widder, Stier und abklingend auch Zwillinge - verfügen über eine aufsteigende Kraft.

Um die Qualität dieser Kraft zu verinnerlichen, probieren Sie am besten die folgende Imaginationsübung aus.

Setzen Sie sich bequem hin, schließen Sie die Augen, und stellen Sie sich vor, wie das Samenkorn einer Sonnenblume, das in der Erde ruht, aufspringt, der junge Trieb ans Licht kommt, langsam wächst und sich bis zur vollen, reifen Blüte entfaltet. Lassen Sie sich Zeit für dieses Bild, und erfassen Sie es ganz.

Das ist die aufsteigende Kraft.

Der aufsteigende Mond

Der Mond durchwandert die zwölf Tierkreiszeichen, für die die Sonne ein ganzes Jahr braucht, in knapp 28 Tagen, wobei er jeweils zwei bis drei Tage in einem Zeichen steht. Befindet er sich dabei

z. B. gerade im Steinbock, dem eine aufsteigende Kraft zu eigen ist, sprechen wir von »aufsteigendem Mond«. Das Symbol für den aufsteigenden Mond ist eine liegende Sichel mit der Öffnung nach oben. Sie erinnert an ein Gefäß, das noch leer ist und gefüllt werden kann.

Die absteigende Kraft

Im zweiten Halbjahr durchquert die Sonne auf ihrer Bahn alle Tierkreiszeichen, die zwischen der Sommer- und der Wintersonnenwende liegen. Hierzu gehören Zwillinge, Krebs, Löwe, Jungfrau, Waage, Skorpion und abklingend auch Schütze. All diesen Tierkreiszeichen wohnt eine absteigende Kraft inne. Eine weitere Imaginationsübung wird Ihnen helfen, auch diese Qualität zu verinnerlichen.

Setzen Sie sich wieder bequem hin, schließen Sie die Augen, und stellen Sie sich vor, wie ein Apfelbaum zuerst seine reifen Früchte und dann auch seine Blätter abwirft. Stellen Sie sich weiter vor, wie die Säfte des Baumes ganz langsam in seine Wurzeln zurückwandern. Zurück unter die Erde, in den Bereich, der für uns nicht sichtbar ist. Der Baum sorgt jetzt für sich, nicht für die Früchte, die er zu Zeiten trägt. Er ruht und sammelt Kraft. Lassen Sie sich auch für dieses Bild Zeit, und erfassen Sie es ganz.

Das ist die absteigende Kraft.

Der absteigende Mond

Steht der Mond während seiner 28tägigen Reise gerade in einem der sechs Tierkreiszeichen, denen eine absteigende Kraft innewohnt, sprechen wir von »absteigendem Mond«. Seine Qualität ist das Loslassen, die Stille und Leere. Das Symbol für den absteigenden Mond ist eine Sichel, die mit der Öffnung nach unten liegt und an ein Gefäß erinnert, das ausgeleert wurde.

Berechnen des auf- oder absteigenden Mondes

Um das sogenannte Mondalter (Mondphase) zu ermitteln, benötigen wir keine Tabellen. Ein Blick zum Himmel oder in einen Kalender genügt. Will man aber wissen, in welchem Tierkreiszeichen sich der zu- oder abnehmende Mond gerade befindet, muß man nachrechnen, oder man nimmt eine Tabelle oder einen speziellen Mondkalender zu Hilfe (s. Anhang).

Sie können überschlägig berechnen, ob gerade auf- oder absteigender Mond ist, und in welchem Sternzeichen sich der Mond in etwa befindet. Dazu muß man folgende Punkte beachten:

- Wie bereits erwähnt, durchwandert die Sonne während eines Jahres alle zwölf Tierkreiszeichen. Steht sie im März in den Fischen, dann steht sie im April im Widder, im Mai im Stier usw.
- Immer an Neumond sind sich Sonne und Mond ganz nahe, gehen zusammen auf und unter und befinden sich demgemäß auch im selben Tierkreiszeichen.
- Der Mond hält sich immer zwei bis drei Tage in einem Tierkreiszeichen auf. Nach einer Woche ist er also etwa drei Tierkreiszeichen weitergewandert, nach zwei Wochen sechs, nach drei Wochen neun, und nach 28 Tagen hat er alle zwölf durchlaufen.
- Fazit: Um herauszufinden, in welchem Tierkreiszeichen der Mond sich befindet, muß man zum letzten Neumond zurückgehen und dann vorwärts rechnen. Wegen des unregelmäßigen Wechsels von einem ins nächste Tierkreiszeichen (zwei bis drei Tage) kann es allerdings sein, daß Sie mit Ihrem Rechenergebnis ein bißchen daneben liegen. Das ist aber nicht weiter schlimm, denn die vorherrschenden Qualitäten verändern sich nicht von einem Tag zum anderen, sondern in langsamen Übergängen. Wechselt der Mond z. B. von den Fischen in den Widder, ist noch ein bißchen Fischequalität und schon ein bißchen Widderqualität zu spüren.

Rechenbeispiel: Sie wollen am 3. Dezember 2000 wissen, in welchem Tierkreiszeichen sich der Mond gerade befindet und ob auf- oder absteigender Mond ist. Sie ziehen einen Kalender zu Rate und ermitteln den letzten Neumond. Das war am 26. November. Zu dieser Zeit befand sich die Sonne im Schützen, also war auch der Mond gerade im Schützen. Inzwischen sind sieben Tage vergangen. Der Mond wird also etwa drei Sternbilder weitergewandert sein und hält sich vermutlich gerade in den Fischen auf. Ein Blick in die Tabelle wird Ihnen das bestätigen. Am 3. Dezember 2000 steht der Mond tatsächlich in den Fischen. Fische verfügen über eine aufsteigende Qualität, also ist gerade aufsteigender Mond.

Der Einfluß des Mondstandes auf den Körper

Abhängig davon, in welchem Tierkreiszeichen sich der Mond gerade aufhält, wirkt er verstärkt auf bestimmte Körperteile ein. Während die verschiedenen Mondphasen (Neumond bis Vollmond) für die meisten von uns psychisch und physisch recht deutlich wahrzunehmen sind, ist der Einfluß des Mondstandes in den Tierkreiszeichen nur für sehr »geübte« Menschen spürbar. Darum ist eine Epherismen-Tabelle, ein Mondkalender oder ein Mondtagebuch für Einsteiger sehr hilfreich (eine Epherismen-Tabelle finden Sie im Anhang).

Der folgenden Tabelle können Sie entnehmen, welche Körperteile mit welchem Tierkreiszeichen in Verbindung stehen.

Widder	Oberer Teil des Kopfes (Gehirn, Augen)
Stier	Unterer Teil des Kopfes und Hals-Nacken-Bereich (Ohren, Kehlkopf und Mandeln, Kiefer und Zähne, Nacken)
Zwillinge	Schultern, Arme und Hände, Lunge
Krebs	Lunge, Brust, Magen, Leber und Galle
Löwe	Herz, Rückenpartie, Zwerchfell, Schlagader, Blutkreislauf
Jungfrau	Nerven, Milz, Bauchspeicheldrüse, Magen und Darm
Waage	Hüfte, Nieren, Blase
Skorpion	Geschlechtsorgane, Harnleiter
Schütze	Oberschenkel, Venen
Steinbock	Knie und Gelenke, Knochen, Haut
Wassermann	Unterschenkel, Venen
Fische	Füße, Zehen

Wozu das Wissen um die Einflußsphären der Tierkreiszeichen auf die einzelnen Körperregionen wichtig sein kann, möchte ich an einem Beispiel verdeutlichen: Steht der Mond gerade im Zeichen des Schützen, wird alles, was man für seine Oberschenkel tut, besonders wohltuend sein, beziehungsweise jede Belastung sich gerade dort besonders negativ auswirken. Deshalb sollten Sie sich an Schützetagen keinesfalls eine Krampfader ziehen lassen, dagegen wird eine Massage der Oberschenkel besonders guttun. Und ist gerade auch noch abnehmender (und/oder absteigender) Mond, wird diese Massage sogar helfen, Fett abzubauen. Denn alles, was mit Ausschwemmen, Entgiftung und Loslassen zu tun hat, ist bei abnehmendem Mond erfolgversprechender als bei zunehmendem Mond.

Der Mondstand und die vier Elemente

Die vier Elemente – Feuer, Erde, Wasser und Luft – bilden die Basis allen Lebens. Egal, in welchem Erdteil dieser Welt man sich befindet, man wird überall Märchen, Mythen und Gottheiten vorfinden, die sich mit den Elementen beschäftigen oder mit ihnen verbunden sind. Auch die Tierkreiszeichen sind nach Elementen eingeteilt. So sind

- Widder, Löwe und Schütze – Feuerzeichen
- Stier, Jungfrau und Steinbock – Erdzeichen
- Krebs, Skorpion und Fische – Wasserzeichen
- Zwillinge, Waage und Wassermann – Luftzeichen

Das Feuerzeichen steht für warm und trocken (Wärmetage). Das zugehörige Temperament ist der Choleriker (energiegeladen, impulsiv, reizbar).

Das Erdzeichen steht für kalt und trocken (Kältetage). Das zugehörige Temperament ist der Melancholiker (zuverlässig, träge, schwerfällig).

Das Wasserzeichen steht für kühl und feucht (Wassertage). Das zugehörige Temperament ist der Phlegmatiker (verträumt, gefühlsbetont, grüblerisch).

Das Luftzeichen steht für warm und feucht (Lichttage). Das zugehörige Temperament ist der Sanguiniker (heiter, aktiv, unruhig bis unbeständig).

Auch dies sind Qualitäten, die uns an bestimmten Tagen beeinflussen und ihren Teil zu unserem Gesamtbefinden beitragen. Wer an Erdtagen bei zunehmendem, aufsteigendem Mond besonders viel und kalorienreich ißt, den wird am nächsten Tag vermutlich der Hosenbund kneifen. Warum? Weil sowohl aufsteigender als auch zunehmender Mond zuführen und behalten, und weil das Erdelement diese Qualität noch verstärkt.

Zusammenfassung:
Es gibt sieben Impulse, die zu beachten sind, wenn man mit dem Mond abnehmen will.

1. Die vier Mondphasen (Mondalter) (vier Impulse).

2. Der aufsteigende und absteigende Mond (zwei Impulse).

3. Der Stand des Mondes in den Tierkreiszeichen (ein Impuls).

Der zunehmende Mond
Er führt zu und speichert. Jetzt steht alles im Zeichen von Wachstum und Fülle. Säfte steigen nach oben, die Energie steigert sich, das Wesen des Menschen öffnet sich, der Blick richtet sich nach außen.

Der abnehmende Mond
Er führt ab und entgiftet. Jetzt steht alles im Zeichen von Loslassen, Platz machen für Neues. Säfte steigen nach unten in die Wurzeln, die Energie nimmt ab, eine stille Zeit beginnt, und der Blick richtet sich nach innen.

Der aufsteigende Mond
Innerhalb von zwei Wochen durchwandert der Mond die Tierkreiszeichen, die zwischen der Wintersonnenwende (21. Dezember) und der Sommersonnenwende (21. Juni) liegen. Das sind Schütze, Steinbock, Wassermann, Fische, Widder, Stier und abklingend auch Zwillinge.
Diese Tierkreiszeichen verfügen über eine aufsteigende Kraft (Imagination mit dem Samenkorn). An diesen Tagen sind außerdem auch diejenigen Körperteile besonders empfänglich oder empfindlich, die zu diesen Sternzeichen gehören.

Der absteigende Mond.
In den nachfolgenden zwei Wochen durchwandert der Mond auf seiner Bahn alle Tierkreiszeichen, die zwischen der Sommer- und der Wintersonnenwende liegen. Das sind Zwillinge, Krebs, Löwe, Jungfrau, Waage, Skorpion und abklingend auch Schütze.
Diese Sternzeichen verfügen über eine absteigende Kraft (Imagination mit dem Baum). An diesen Tagen sind außerdem auch die Körperteile besonders empfänglich oder empfindlich, die dem genannten Tierkreiszeichen zugeordnet sind.

Mond und Ernährung

Steht der Mond in einem bestimmten Tierkreiszeichen, wirkt er nicht nur auf spezielle Körperregionen ein, sondern auch auf die Nahrungsverwertung. Darüber gibt es zwar keine wissenschaftlichen Studien, aber Beobachtungen und Erfahrungen, die über Generationen hinweg gemacht wurden, zeigen, daß an bestimmten Tagen bestimmte Nährstoffe bekömmlicher sind *oder* sich negativer auswirken als sonst.

Auch unbezwingbare Gelüste, die plötzlich da sind und oft genauso schnell wieder verschwinden, haben unter Umständen damit zu tun, daß der Mond gerade ein bestimmtes Tierkreiszeichen durchwandert. Ich erinnere mich daran, daß mein Sohn, der eigentlich nie besonders gerne fett aß, eines Tages heimlich ein Viertelpfund Butter aus dem Kühlschrank holte und mit Genuß verzehrte – ohne Brot –, und es wurde ihm noch nicht mal übel davon. Damals fing ich gerade an, mich mit dem Thema Mond und Ernährung zu beschäftigen. Ich sah in meiner Mondtabelle nach und stellte erstaunt fest, daß es zwei Tage vor Neumond war und wir gerade Waagetage hatten (Fettqualität). Dieses Erlebnis hat mich überzeugt.

Mond und Tierkreiszeichen – Elemente-zuordnung der Grundnahrungsmittel

- Widder, Schütze, Löwe (Feuerzeichen) – Eiweiß und Früchte
- Stier, Jungfrau, Steinbock (Erdzeichen) – Salz und Wurzeln
- Krebs, Skorpion, Fische (Wasserzeichen) – Kohlehydrate und Blätter
- Zwillinge, Waage, Wassermann (Luftzeichen) – Fett und Blüten

Wie sich diese Zuordnungen praktisch auswirken, möchte ich an folgenden Beispielen erläutern:

Salz

Nehmen wir einmal an, Katrin ißt gerne salzig, hält sich damit aber zurück, weil sie weiß, daß zuviel Salz ungesund ist. An Erdtagen hat sie aber besonderen Appetit auf Gesalzenes, und sie kann ihre Lust einfach nicht mehr bezwingen. Da der Körper Salz braucht, ist nichts dagegen einzuwenden, wenn sie ihrem Bedürfnis einmal nachgibt. Außerdem ist die Wirkung von Salz für gesunde Menschen gerade an Erdtagen günstig. Wenn Katrin gesund ist, wird das Salz ihren Organismus positiv unterstützen. Hat Katrin aber Bluthochdruck, sollte sie Salz an Erdtagen um so eher meiden, denn es wäre jetzt doppelt schädlich für sie.

Auf den Punkt gebracht: An Erdtagen wird sowohl die positive als auch die negative Wirkung von Salz verstärkt. Ebenso verhält es sich mit Kohlehydraten an Wassertagen, Fett an Lufttagen und Eiweiß an Feuertagen.

Außer der Nahrungsqualität Salz gehören zu den Erdzeichen aber auch noch alle Pflanzenteile, die unter der Erde wachsen, also Wurzeln und Knollen.

Erdtage (Stier, Jungfrau, Steinbock): zuzuordnen sind Gemüsesorten, die unter der Erde wachsen, wie z. B. Zwiebeln, Knoblauch, Kartoffeln, Möhren, Rote Bete und andere Wurzelgemüse, aber auch Salziges. Außerdem Pilze, die zwar meist über der Erde leben, sich aber von toten Wurzeln und Holz ernähren und aufgrund ihrer heterotrophen Lebensweise ohne Licht leben können.

Fett

Fett hat in der Ernährungslehre einen schlechten Ruf. Am schlechtesten kommen dabei tierische Fette weg (bestimmte Fischfette ausgenommen). Zuviel Fett, heißt es, fördert Herz-Kreislauf- und Krebserkrankungen, erhöht den Cholesterinspiegel und vieles mehr. Selbstverständlich benötigt der Körper Fett, wenn auch in sehr viel geringerem Maße, als wir Mitteleuropäer es zu uns nehmen. Außerdem ist Fett nicht gleich Fett. So zählt Olivenöl zu den Gesundmachern. Durch die spezielle Zusammensetzung von Fettsäuren hilft es sogar, den Cholesterinspiegel zu senken.

Daß Olivenöl äußerst gesund ist, wußte man schon im alten Ägypten. Pharao Ramses II. soll gegen jegliche Art von Beschwerden Olivenöl eingenommen haben. Auch Leinsamenöl, Walnußöl und bestimmte Fischfette (Makrelen, Sardinen, Heringe) zählen zu den wertvollen Speisefetten. Sind also z. B. gerade Zwillingstage, und reagieren Sie positiv auf Fett, könnten Sie Ihren Speiseplan sinnvoll durch eine Makrele bereichern und Ihren Salat ohne schlechtes Gewissen mit einem Schuß Olivenöl anreichern. Reagieren Sie aber negativ auf Fett oder auch nur auf eine bestimmte Sorte von Fett (Tier- oder Pflanzenfett), sollten Sie an diesen Tagen der Versuchung widerstehen, einen saftigen Schweinebraten oder ein ganzes Schüsselchen schwarzer Oliven zu essen!

Lufttage (Zwillinge, Waage, Wassermann): zuzuordnen sind die Blütenteile einer Pflanze, zum Beispiel Blumenkohl, Brokkoli,

Artischocken oder Avocado, einige Obstsorten, Würzblüten wie Rosenblätter, Borretsch-, Lavendel- oder Holunderblüten, aber auch Fette und Öle.

Kohlehydrate

Kohlehydrate machen dick, heißt es. Dabei ist es längst kein Geheimnis mehr, daß komplexe Kohlehydrate (Kartoffeln, Vollkornprodukte, Hülsenfrüchte usw.) sogar zu den Schlankmachern zählen, weil der Körper einerseits sehr viel Energie verbraucht, um sie zu verbrennen, und sie andererseits langanhaltend sättigen und für eine gute Verdauung sorgen. Die in ihnen enthaltenen Ballaststoffe hemmen die Fettaufnahme und helfen dem Körper, Giftstoffe auszuscheiden. Auch als Nahrung für Gehirn und Nerven werden Kohlehydrate gebraucht. Weniger gesund sind allerdings Produkte aus Weißmehl, wie Kuchen und Weißbrot.

Steht der Mond in den Wasserzeichen Krebs, Skorpion oder Fische, tun Sie Ihrem Körper mit Vollkornprodukten aller Wahrscheinlichkeit nach etwas Gutes. Andererseits wird sich ein Stück Torte unter Umständen auf der Waage böse rächen.

Wassertage (Fische, Krebs, Skorpion) – zuzuordnen sind die Blattteile einer Pflanze, wie Blattsalate aller Art, Blattgemüse (z. B. Spinat, Chicorée, Weiß- oder Rotkohl), eßbare Blattkräuter wie Engelwurz, Beinwell, Petersilie, Minze oder Melisse, aber auch komplexe (faserreiche) Kohlehydrate.

Eiweiß

Wer abnehmen will, soll Kohlehydrate meiden und möglichst viel Eiweiß essen – diesen Rat hört man immer wieder, aber leider stimmt das so nicht. Zuviel tierisches Eiweiß kann die Nierentätigkeit beeinträchtigen, Darm und Stoffwechsel belasten. Manche Menschen reagieren sogar allergisch auf zuviel Eiweiß. Unter Eiweißallergie versteht man eine Überempfindlichkeit des Organismus gegenüber bestimmten körperfremden Eiweißen, wie zum Beispiel Kuhmilch. Aber auch für den, der nicht allergisch reagiert, ist eine andauernde Überschreitung des erforderlichen Eiweißbedarfes ungesund. Krankheiten wie Arteriosklerose, rheumatische Krankheiten und Hypertonie können die Folge sein.

Wer also unter Eiweißallergie leidet oder anfällig für rheumatische Krankheiten ist, sollte an Feuertagen unbedingt eiweißreiche Nahrung vermeiden. Wer aber positiv darauf reagiert, kann sich mit einer Portion Scampis herrlich verwöhnen und dabei kalorienarm essen.

Feuertage (Widder, Löwe, Schütze): zuzuordnen sind die Früchte einer Pflanze. Zum Beispiel Tomaten, Paprika, Zucchini, Auberginen, Hülsenfrüchte und Getreide, Mais, Gurken, bestimmte Obstsorten wie u. a. Äpfel oder Melonen, aber auch mageres Fleisch, Fisch und scharfe Gewürze.

An dieser Stelle möchte ich nochmals darauf hinweisen, daß dies nicht als allgemeingültige Regel zu verstehen ist. Man kann nicht einfach sagen: Alle Menschen sollten an Lufttagen dies und an Feuertagen jenes zu sich nehmen oder vermeiden. Es kommt dabei ganz auf das körperliche Befinden des einzelnen an. Darum kann die obengenannte Elementezuordnung nur als Basis für Ihren persönlichen Ernährungsplan dienen.

Um herauszufinden, ob Sie z. B. an Lufttagen Fett besonders meiden sollten oder sich ausnahmsweise eine Sahneschnitte leisten dürfen, sollten Sie sich eine Weile genau beobachten. Wie bekommt Ihnen die Sahneschnitte an Lufttagen? Wird Ihnen übel? Haben Sie am nächsten Tag prompt ein Pfund zugenommen? Oder verspüren Sie keinerlei negative Wirkung? Notieren Sie das. Am besten, Sie legen sich ein Mondtagebuch zu und finden so heraus, was Ihnen zuträglich ist.

Mondtagebuch

Der Zweck eines Mondtagebuches ist der, ganz gezielt die Reaktionen Ihres Körpers auf den Mond zu notieren. In einem Mondtagebuch können Sie feststellen, welche Speisen für Sie an welchen Tagen besonders bekömmlich oder unbekömmlich waren, wie Sie sich seelisch und körperlich gefühlt haben (auch Krankheiten sollten eingetragen werden), und ob Sie zu- oder abgenommen haben. Frauen sollten außerdem den Verlauf ihrer Menstruation notieren. Erster Tag, die Stärke der Blutung, letzter Tag und auch den Eisprung, sofern sie ihn spüren oder nachmessen. Anhand dieser Notizen verschaffen Sie sich nach und nach einen Überblick darüber, wie Sie auf den Mond und seine verschiedenen Impulse reagieren und auf welche Eßsünden Ihre Waage ganz besonders schnell anschlägt.

Diese Notizen machen natürlich nur dann einen Sinn, wenn Sie dazu auch aufschreiben, welches Mondalter gerade ist (z. B. abnehmende Sichel), welche Tierkreiszeichen-Tage (z. B. Fische) und ob auf- oder absteigender Mond.

Sie können für so ein Mondtagebuch einen Kalender oder ein Schulheft verwenden. Bei einem Schulheft müssen Sie diese Daten (Mondstand usw.) aber in Listen nachschauen und eintragen. Oder Sie kaufen sich einen Mondkalender, in dem diese Daten bereits vermerkt sind.

Es ist ratsam, das Mondtagebuch mindestens ein Jahr lang zu führen. Vielleicht haben Sie nach dieser Zeit schon alles im Gefühl und brauchen für das nächste Jahr kein neues Mondtagebuch mehr. Andererseits hilft ein Mondtagebuch auch dabei, bewußt zu leben. Was also spricht dagegen, daraus eine gute Gewohnheit zu machen?

Ich möchte noch einmal ins Bewußtsein rufen, daß der Mond selbst nicht schlank macht oder heilt. Wir können uns nur seiner Kräfte bedienen, damit sie uns in dem, was wir tun, unterstützen. Und wir können vermeiden, unbewußt gegen diese Kräfte zu arbeiten. Wir können ihn uns als Vorbild und Verbündeten nehmen oder, weniger romantisch ausgedrückt, als Barometer, das uns anzeigt, welche Zeitqualität gerade herrscht.

Aller Anfang ist das Entschlacken

Es wäre falsch zu glauben, daß sich alle Menschen, die schlank sind, richtig ernähren. Aber alle Menschen, die zu dick sind (krankhaftes Zudicksein ausgenommen), ernähren sich falsch und/oder haben zuwenig Bewegung. Wer abnehmen möchte, muß also seine Ernährung umstellen und für mehr Bewegung sorgen. Vor einer Nahrungsumstellung sollte der Körper erst mal gründlich entschlackt werden.

Entschlacken kann man mit Hilfe von bestimmten Säften, Tees oder Apfelessig. Oder durch eine Fastenkur.

Helfer, die das Entschlacken unterstützen

Bei einer Entschlackungskur werden Blut und Nieren von Giftstoffen gereinigt, und der Flüssigkeitsstoffwechsel wird normalisiert. Zum Entschlacken mit Tees oder Säften benötigt der Körper etwa sechs Wochen, beim Fasten erreicht man schon nach einer Woche ein zufriedenstellendes Ergebnis.

Wenn ich nicht faste, halte ich mich zum Entschlacken an den Holunder. Er wächst überall, wirkt sehr gut und ist wegen seines hohen Vitamin-C-Gehalts sehr gesund. Wer sich die Arbeit des Erntens und Trocknens bzw. Entsaftens sparen möchte, bekommt fertigen Holundersaft im Reformhaus und Holunderblatt-Tee in Apotheken und Reformhäusern.

Wer Holunder selbst erntet, sollte dabei unbedingt den Mondstand beachten.

- Für das Sammeln der Blätter ist der beste Zeitpunkt zunehmender Mond, alternativ aufsteigender Mond oder Wassertage (Krebs, Skorpion, Fische), wobei sich an Krebs- und Fischetagen gesammelte Blätter zum Trocknen nicht so gut eignen. Das Wetter sollte trocken sein, der Morgentau schon verdunstet, und der

Baum/Strauch darf noch nicht in Blüte stehen oder schon geblüht haben.
Hat man den richtigen Zeitpunkt zum Sammeln versäumt, kauft man besser Tee in der Apotheke.

- Früchte für die Saftbereitung sammelt man am besten bei aufsteigendem Mond, vorzugsweise an Wärmetagen (Widder oder Schütze). Das Wetter sollte unbedingt trocken und die Früchte reif sein.

Hier zwei Vorschläge zum Entschlacken mit Holunder:

- Trinken Sie vier bis sechs Wochen lang jeden Morgen auf nüchternen Magen ein Glas Holunder-Trinksaft oder mit Wasser verdünnten Muttersaft (das ist der reine Saft, so wie er aus den Beeren gewonnen wird). Vorsicht: Holundersaft niemals frisch pressen, sondern nur heiß entsaften, denn ungekocht sind die Beeren giftig und verursachen schlimmsten Durchfall!
- Tee aus Holunderblättern entschlackt noch wirksamer als der Saft, schmeckt aber bitter. Am besten wirken die frischen Blätter, sie müssen aber vor der Blüte geerntet werden. Deshalb mit einer Frühjahrskur rechtzeitig beginnen.
  Man hackt sechs bis acht frische Blätter fein, übergießt sie mit einem Viertelliter kochendem Wasser, deckt das Gefäß ab und läßt den Tee zehn Minuten auf einem Stövchen ziehen. Holunderblättertee vier bis sechs Wochen lang morgens auf nüchternen Magen in kleinen Schlucken heiß trinken.
  Fertigen Tee aus getrockneten Blättern nach Anleitung zubereiten.

Wer Holunder nicht mag, findet auch in Apfelessig, Rettich, Brennessel- oder Gänseblümchentee hervorragende Helfer zum Entschlacken.

Der beste Zeitpunkt zum Entschlacken

Mit dem Entschlacken beginnen Sie am besten im *»gebenden Mond«* (abnehmende Rundung, etwa drei Tage nach Vollmond) und beenden es sechs Wochen später mit dem *»pflanzenden Mond«* (zunehmende Sichel, etwa drei Tage nach Neumond).

Wichtig: Wer fastet (nichts essen, nur trinken), sollte niemals *gleichzeitig* auch entschlacken! Während des Fastens benötigt der Körper sehr viel Flüssigkeit, und Entschlackungstees entziehen Flüssigkeit. Außerdem ersetzt das Fasten das Entschlacken weitgehend.

Der beste Zeitpunkt für eine Diät oder Nahrungsumstellung

Eine Nahrungsumstellung ist eine Änderung alter Gewohnheiten. Etwas Altes muß losgelassen werden, etwas Neues beginnt. Darum ist für den Beginn eines neuen Speiseplans oder einer Diät der beste Zeitpunkt ab dem zweiten Halbmond bis einschließlich Neumond. Aber nicht nur psychisch fällt das Loslassen dann leichter, der Körper nimmt zu dieser Zeit auch leichter ab, da er Nahrung weniger gut verwertet. Auch Obst- oder Reistage oder Heilfastentage, die nicht nur dem Abnehmen, sondern auch dem Entschlacken dienen, sind in dieser Zeit wirkungsvoller, denn es ist die Zeit des Ausschwemmens und Entgiftens. Sie erinnern sich: Die Säfte steigen nach unten, wir lassen los, die Energie geht nach innen.

Heilfasten

Viele Menschen haben Angst davor, einmal für ein paar Tage überhaupt nichts zu essen. Der Gedanke, entbehren zu müssen und Hunger zu leiden, erschreckt sie. Meistens haben diese Menschen bereits einige Diäten hinter sich und damit schlechte Erfahrungen gemacht. Sie konnten zwar essen, aber es war immer zuwenig, und sie litten ständig unter Hungergefühl. Aber gar nichts essen ist leichter als wenig essen, denn der Magen wird nicht ständig gereizt. Er schrumpft, stellt seine Tätigkeit ein, und bald schon bleibt das Hungergefühl aus. Magen und Darm danken es Ihnen!

»Heilfasten ist nicht Hungern, sondern Ernähren von innen«, hat Dr. Lützner in seinem empfehlenswerten Buch *Wie neugeboren durch Fasten* so treffend geschrieben.

Meine eigenen Erfahrungen mit Fasten waren durchweg positiv. Ich fühlte mich körperlich fit, angenehm leer, frei und immer auch ein bißchen stolz darauf, daß ich es wieder einmal geschafft hatte, meinen »inneren Schweinehund« zu überwinden.

Für Leute, die Angst davor haben, diesen Schritt alleine oder nur mit einem Buch als »Lehrer« zu wagen, gibt es überall in Deutschland sogenannte Fastengruppen mit kompetenter Anleitung. Adressen finden Sie in Zeitungen, die in Bioläden ausliegen, oder in Illustrierten. Aber auch Ihr Arzt oder Heilpraktiker steht Ihnen beim Fasten sicher gerne beratend zur Seite.

Auf jeden Fall sollte vor Beginn einer Fastenkur festgestellt werden, ob gesundheitliche Risiken vorliegen. Nicht fasten sollten schwangere Frauen, Jugendliche unter 16, Menschen über 60, die noch nie vorher gefastet haben, und Magersüchtige. Bei deutlich zu niedrigem oder zu hohem Blutdruck, chronischen Leiden, Eßstörungen, labiler oder schwermütiger Verfassung oder während der Einnahme starker Medikamente sollte man sich auf jeden Fall einer Fastengruppe unter kompetenter Leitung anschließen oder um die Betreuung durch den Hausarzt bitten.

Übrigens: Das gefürchtete Glaubersalz lasse ich grundsätzlich weg. Wer sich an die Regel hält und mindestens drei Liter Flüssigkeit täglich zu sich nimmt und bereit ist, auch mal einen Einlauf zu machen, braucht es nicht.

Natürlich sollte vor Beginn des Fastens auch unbedingt der Mondstand beachtet werden! Die besten Zeiten zum Fasten sind die Phasen »wandelnder Mond« (zweiter Halbmond) und »stiller Mond« (abnehmende Sichel).

Zeitplan für eine einwöchige Heilfastenkur:

Acht bis zehn Tage nach Vollmond mit dem einleitenden Tag beginnen, an dem nur Obst oder Gemüse gegessen wird. Anschließend drei bis fünf Tage keine feste Nahrung zu sich nehmen (nur Wasser, Tee, Säfte). Um Neumond wieder »aufbauen«, also den Körper langsam wieder an feste Nahrung gewöhnen. Danach 14 bis 18 Tage lang mit Bedacht essen und nur kleine Portionen zu sich nehmen, denn jetzt ist bereits zunehmender Mond. Sie erinnern sich: Bei zunehmendem Mond baut der Körper auf und »behält«, das heißt, die Gefahr zuzunehmen ist größer als bei abnehmendem Mond. Aber keine Angst, es wird Ihnen nicht schwerfallen, wenig zu essen, der Magen ist ja jetzt kleiner und schneller zufrieden. Erst drei bis fünf Tage nach Vollmond dürfen Sie sich wieder etwas mehr gönnen, dabei sollten Sie aber unbedingt auf eine gesunde Ernährung achten.

Obsttage

Wer weder fasten noch sechs Wochen lang Entschlackungstees trinken möchte, sollte regelmäßig ein bis zwei Obsttage einlegen, um seinem Körper die Möglichkeit zu geben, sich zu entgiften. Auch Obsttage legt man am besten in die Zeit des abnehmenden Mondes, die Zeit des Ausleitens und Loslassens.

Aber auch an den Vollmondtagen ist eine Obstkur sinnvoll, vor allem dann, wenn man Übergewicht hat, denn jetzt neigt der Körper dazu, Fett anzusetzen.

Und so funktioniert es: Erlaubt ist, so viel Obst zu essen, wie man möchte – ausgenommen Bananen. Unbehandeltes Obst ist dabei Säften immer vorzuziehen.

Wer kein großer Freund von Obst ist, kann es auch durch rohes Gemüse ersetzen oder dreimal täglich eine halbe Tasse Reis kochen und ihn mit einem geriebenen Apfel anreichern. Man sollte aber nicht vergessen, daß rohes Gemüse bei Menschen, die nicht daran gewöhnt sind, leicht zu Blähungen führt.

Nahrungsumstellung

Jede Nahrungsumstellung ist für den Körper erst einmal eine Belastung. Haben Sie bisher immer nur Weißmehl gegessen und Gemüse aus der Dose und essen nun plötzlich Körner und rohes Gemüse, braucht Ihr Verdauungsapparat Zeit, sich daran zu gewöhnen. Darum empfehle ich, die alte Ernährungsweise langsam »auszuschleichen« bzw. die neue nach und nach einzuführen. Ausnahme ist eine Nahrungsumstellung direkt nach dem Fasten. Magen und Darm sind jetzt neutralisiert und die Voraussetzungen für eine andere Ernährung optimal.

Wer trotz aller Vorsichtsmaßnahmen an Blähungen leidet, kann sich damit trösten, daß das nur eine kurzzeitige Begleiterscheinung ist.

Auch für eine Nahrungsumstellung ist die Zeit zwischen abnehmender Rundung und Neumond die günstigste.

Tips zur Nahrungsumstellung

Wenn vorher nicht gefastet wurde, sollte nicht von heute auf morgen ein komplett anderer Speiseplan erstellt werden. Eine schrittweise Nahrungsumstellung könnte so aussehen:

- Essen Sie nach und nach mehr Salate, Gemüse und Obst.
- Verringern Sie die Fettanteile im Essen.
- Erhöhen Sie langsam den Anteil an Vollkornprodukten.
- »Schleichen« Sie isolierten Zucker und gezuckerte Produkte »aus« (Limonaden und gezuckerte Fruchtsäfte nicht vergessen!).
- Süßen Sie mit Honig statt mit Zucker.

- Reichern Sie Ihr Essen nach und nach mit frischem Getreide an.
- Kochen Sie mit frischen Kräutern und Gewürzen. Sie vermindern die Salzaufnahme und geben Geschmack, wodurch Sie das Würzen mit Salz langsam reduzieren können. Außerdem haben Kräuter eine gesundheitsfördernde Wirkung auf den Organismus.
- Achten Sie darauf, nur mit Jodsalz zu kochen.

Wer darüber nachdenkt, seine Nahrung von ungesund auf gesund umzustellen, mag vielleicht Angst davor haben, *nie wieder(!!!)* Schokolade, Torte oder einen Hamburger essen zu dürfen. Aber derart radikal gegen seine eigenen Vorlieben anzugehen schadet der Seele. Ich liebe Eis, und wenn ich nie mehr Eis essen dürfte, würde ich ein Stück Lebensqualität verlieren. Also, essen Sie Ihr Eis, Ihre Torte, Ihren Hamburger auch weiterhin. Das Zauberwort heißt nicht totaler Verzicht, sondern *Mäßigung* und vor allem B*ewußtheit*. Ab und zu einmal ein kleines Stück Torte kann niemandem schaden (Ausnahme bei Krankheiten wie Diabetes), und das »innere Kind« will ja auch manchmal ein bißchen verwöhnt werden. Denn daß Essen Liebe bedeutet, ist schließlich eine Urerfahrung. Säuglinge müssen beim Füttern in den Arm genommen und nachher, damit sie aufstoßen können, herumgetragen werden. Auf diese Weise bekommen wir die Verbindung von Essen und Liebe schon mit der Muttermilch oder dem Breilöffel eingegeben. Wichtig ist die Formel: *Wenn sündigen, dann genießen!* Denn nichts bekommt Körper und Seele weniger, als ein Stück Torte mit schlechtem Gewissen hinunterzuschlingen.

Wirkliche Sünden sind wahlloses Essen, Essen von Lebensmitteln, die haltbar gemacht wurden, Abschmecken und Naschen beim Kochen, Aufessen, obwohl man schon satt ist, und einseitige Ernährung.

Aus Achtung und Liebe zum eigenen Körper

Die folgenden Ernährungsempfehlungen sollten auch als *Empfehlung* verstanden werden. In welchen Punkten und wie weit Sie sich danach richten möchten, ist ganz alleine Ihre Entscheidung. Auch in der Ernährung gilt meiner Ansicht nach die Formel *Körper und Seele bilden eine Einheit.* Damit will ich sagen, wenn jemand trotz eines starken Widerwillens Kartoffeln ißt, nur weil irgend jemand behauptet hat, sie seien gesund, kann das kaum förderlich für sein Wohlbefinden sein. Andererseits kann man sich mit der Zeit an vieles gewöhnen, was einem vorher unmöglich erschien. Wer seinen Tee immer mit drei Löffeln Zucker gesüßt hat und plötzlich den Zucker wegläßt, wird den Tee so wohl kaum noch genießen können. Der richtigere Weg wäre, den Zucker durch Honig zu ersetzen und dann nach und nach immer weniger Honig in den (auf 40 °C abgekühlten) Tee zu geben. Mit der Zeit wird der Tee mit wenig oder gar keinem Honig genauso gut sein. Wer bisher nur Weiß- oder Graubrot mochte, kann sich fürs erste vielleicht am besten an ein helles Kürbiskernbrot gewöhnen und nach und nach zu dunkleren Vollkornbrot-Sorten übergehen. Die Gefahr bei einer schrittweisen Veränderung der Eßgewohnheiten ist allerdings, daß man mit der Zeit nachläßt, auf einem Punkt stehenbleibt und sein Ziel aus den Augen verliert. Das Ziel sollte sein:

- gesund und vernünftig zu essen;
- Lebensmittel zu verwenden, die möglichst naturbelassen sind (zu bekommen in Bioläden, bei Biobauern, auf Märkten);
- nichts gegen den eigenen Widerwillen zu essen, sich beim Essen (und Kochen) möglichst wohl zu fühlen und zu genießen.

Auf den ersten Blick erscheinen diese drei Punkte dem einen oder anderen vielleicht widersprüchlich. Ich denke aber, daß es so viele verschiedene Lebensmittel und Kochrezepte gibt, daß sich jeder von uns seinen eigenen, für ihn stimmigen Speiseplan zusammenstellen kann.

Ein anderes Argument gegen eine Ernährungsumstellung könnten die höheren Preise naturbelassener Lebensmittel sein. Ich denke, es lohnt sich, in die eigene Gesundheit zu investieren und kostspielige Krankheiten durch eine gesunde Ernährung zu vermeiden. Außerdem haben Naturprodukte einen deutlich höheren Nährwert. Das bedeutet, Sie essen nicht nur gesünder, sondern sind auch schneller satt.

Kleine Ernährungslehre

Keine Angst – ich bin kein Ernährungsapostel! Aber weil unser Ernährungsverhalten in den vergangenen Jahrzehnten so gründlich fehl- und irregeleitet wurde, ist es wichtig, sich ein wenig mit der Ernährung zu beschäftigen. Um diesen »trockenen Stoff« verdaulich und vor allem übersichtlich zu machen, habe ich die wichtigsten Lebensmittel in drei Kategorien eingeteilt, nämlich in empfehlenswert, weniger empfehlenswert und nicht empfehlenswert. Zur Kennzeichnung empfehlenswerter Nahrungsmittel verwende ich einen Stern, für weniger empfehlenswerte einen Punkt, für nicht empfehlenswerte ein Minus.

Getreide

Vollkornprodukte sind immer zu bevorzugen, da die Wertminderung (Verlust von Vitaminen, Mineral- und Ballaststoffen und sekundären Pflanzenstoffen) bei der Herstellung von hellem Mehl sehr hoch ist.

* Vollkornbrote, -brötchen, -toast und andere Vollkornbackwaren. Des weiteren Vollkornmüsli, Vollkornnudeln, Vollkornflocken und -grieß;
• Weißbrot, Grau- und Mischbrot, Kuchen, Nudeln und Grieß aus Weißmehl;
– Produkte aus Getreidestärke und Ballaststoffpräparate.

Hülsenfrüchte

Hülsenfrüchte sind sehr oft die Stiefkinder auf dem Speiseplan. Dabei beinhalten sie von allen Lebensmitteln am meisten Proteine, verfügen über viele Ballaststoffe und weisen eine hohe Nährstoffdichte auf. Sie sind deshalb sehr gesund.

* Bohnen, Erbsen, Linsen;
• Sojaprodukte, Fertigmischungen für Bratlinge usw.;
– Sojafleisch und andere Produkte aus stark verarbeitetem Sojaprotein.

Gemüse und Obst

Vor allem frisches Gemüse und Obst sind wegen ihrer Vitamine, Mineralien und Ballaststoffe wichtig für die gesunde Ernährung. Dabei sollte das Gemüse den größten Anteil darstellen. Rohes Gemüse ist gekochtem vorzuziehen. Tiefgekühltes Gemüse sollte nur dann verwendet werden, wenn es aus dem eigenen Garten kommt. In Fertiggerichten aus der Tiefkühltruhe sind häufig ungesunde Zusatzstoffe enthalten, darum sind sie nicht zu empfehlen.

Vorsicht bei Obst und Gemüse aus dem Supermarkt, das allzu makellos aussieht, denn es ist mit Sicherheit mehrfach gespritzt!

Hätten Sie übrigens gewußt, daß ein handelsüblicher Apfel, bis er auf den Tisch kommt, bis zu 19mal mit den verschiedensten Giften gespritzt wurde? Und daß das Bundesgesundheitsministerium aus genau diesem Grund empfiehlt, Äpfel vor dem Verzehr unbedingt zu schälen? Dabei befinden sich ja gerade in und unter der Schale die meisten Inhaltsstoffe, die den Apfel zu dem machen, was er ist: eine der gesündesten Früchte, die es überhaupt gibt!

Wichtig: Salatgurken und Karottensalat bzw. Karottensaft immer mit etwas Öl zubereiten, da Karotten und Gurken sonst ihre wertvollen Inhaltsstoffe nicht entfalten können!

* Frisches Gemüse und Obst aus dem Garten oder vom Biobauern (Markt);
• selbst konserviertes Obst und Gemüse (Dosen/Gläser/Gefriertruhe);
– Fertiggerichte aus der Tiefkühltruhe.

Kartoffeln

Kartoffeln sind reich an Ballaststoffen, Vitaminen, Proteinen und Mineralstoffen. Weil durch Schälen und langes Liegen im Wasser zu viele wertvolle Nährstoffe verlorengehen, sollten Kartoffeln vorzugsweise mit Schale gekocht und erst dann gepellt werden.

* Pellkartoffeln, vorzugsweise vom Biobauern;
• Fertigprodukte aus Kartoffeln (Knödel, Pürree, Tiefgefrorenes);
– Kartoffelchips, Pommes frites.

Milchprodukte

Zwar ist Milch reich an Vitaminen, hochwertigem Protein und Kalzium, aber auch an Fett und Eiweiß. Darum sollten Milch und Milchprodukte nur in geringen Mengen auf dem Speiseplan stehen. Menschen, die an Kalziummangel leiden, können ihn durch vermehrtes Milchtrinken ohnehin nicht zufriedenstellend ausgleichen, da der Körper oft nicht bereit ist, Kalzium aufzunehmen. In diesem Fall wendet man sich besser an einen klassischen Homöopathen.

* Joghurt mit lebenden Kulturen, Dickmilch, Buttermilch, Kefir, pasteurisierte Vollmilch, Käsesorten ohne weitere Zutaten und Zusatzstoffe;
• Joghurt mit Früchen, H-Milch-Produkte, Käse mit Zusatzstoffen;
– Milchpulver, Kondensmilch, Schmelzkäse.

Fette, Öle und Nüsse

Es sollten nicht mehr als 70 bis 80 Gramm Fett täglich verzehrt werden, versteckte Fette (wie in Nüssen) eingeschlossen. Diese Empfehlung wird in Deutschland meist weit überschritten. Am besten läßt sich Fett einsparen, wenn man weitgehend auf fettes Fleisch, Wurst und fette Käsesorten verzichtet.

* Butter, Pflanzenmargarine mit einem hohen Anteil an kaltgepreßtem Öl, kaltgepreßte Pflanzenöle (z. B. Olivenöl, Walnußöl), Nüsse und Nußmus (z. B. Erdnußbutter);
• extrahierte, raffinierte Öle und Fette, Kokosfett, Palmkernfett;
– Nußnougatcreme, gehärtete Margarine, Schmalz als Brotaufstrich.

Fisch, Geflügel, Fleisch und Wurstwaren

Um uns vollwertig zu ernähren, brauchen wir weder Fleisch noch Geflügel. Im Fisch hingegen ist viel Jod enthalten, und auf ihn sollte man nicht verzichten. Trotzdem sind Fleisch und Geflügel wertvolle Lebensmittel, und wer es gerne ißt, braucht nicht darauf zu verzichten. Allerdings ist unbestritten, daß der deutsche Durchschnittsbürger viel zuviel Fleisch ißt. Zweimal pro Woche Fleisch, einmal pro Woche Fisch wären ein vertretbares Maß – auch umweltpolitisch gesehen (Massentierhaltung, Tiertransporte, Futtermittelskandale, Ausbeutung unserer Meere).

Tip: Vor allem in Wurstwaren sind sehr viel verstecktes Fett und unerwünschte Zutaten, wie z. B. Salz, enthalten.

* Fleisch und Geflügel vom Biobauern in vertretbarer Menge, Fisch – vorzugsweise Frischfang;
• Fischkonserven, Fischwaren (Fischstäbchen, Paste usw.), Fleisch aus dem Supermarkt, Wurstwaren und Konserven;
– Innereien, Austern, Muscheln.

Süßigkeiten

Stellen Sie sich einmal folgendes vor: Sie essen raffinierten Zucker, Ihr Magen bekommt aber die Information »Zuckerrübe«, weil er nicht zwischen dem Rohprodukt Rübe und isoliertem Zucker unterscheiden kann. Also schießt er eine viel zu große Menge an

Magensäften (Salzsäure ist weniger ätzend!) ein, um die faserreiche Zuckerrübe, die ja gar nicht verzehrt wurde, verdauen zu können. Jetzt können Sie sich bestimmt vorstellen, warum Zucker so ungesund ist! Zudem hat er kaum essentielle Nährstoffe, dafür aber eine ganze Menge Kalorien.

Wenn also süßen, dann mit Honig, wobei zu beachten ist, daß auf 40 °C erhitzter Honig kaum noch wertvolle Inhaltsstoffe besitzt. Auch in anderen Süßmitteln wie Fruchtdicksäfte, Vollrohrzucker, Zuckerrüben- oder Ahornsirup sind kaum noch wertvolle Inhaltsstoffe vorhanden.

* frisches, süßes Obst (z. B. eine vollreife Banane zerdrückt und in Joghurt gemischt), nicht erhitzter Honig, ungeschwefeltes eingeweichtes Trockenobst (z. B. feingehackte Rosinen);
• Fruchtdicksäfte, Ahorn- und Zuckerrübensirup, Vollrohrzucker – alles nur in geringem Maße;
– Haushaltszucker, Trauben- oder Fruchtzucker, brauner Zucker, Kandiszucker, Süßstoff, Süßwaren.

Kräuter

Fast alle Kräuter verfügen über eine Heilkraft. So wirkt z. B. Schnittlauch bei Krämpfen im Unterleib, Leberleiden, Gallenkoliken oder chronischem Husten, Petersilie bei Rheuma und Fenchel bei Magen- und Darmproblemen. Während es unter Umständen sogar lebensgefährlich sein kann, von einem Kraut »Unmengen« zu essen oder zu trinken (Arnika, Löwenzahn, Brennessel, Beinwell, ungekochter Holunder usw.), sind kleinere Mengen davon, so wie wir sie beim Kochen verwenden, für den Körper ausgesprochen gesund. Frische, nicht mit Gift gespritzte Kräuter regen die Speichelbildung sowie die Darm- und Blasentätigkeit an und führen uns viele verschiedene Stoffe zu, die helfen, unseren Körper in einem natürlichen Gleichgewicht zu halten. Kräuter sind »ein bißchen Apotheke täglich«. Darum ist es wichtig, mit frischen Kräutern zu würzen. Auch sind viele Kräuter dazu geeignet, die Salzaufnahme zu vermindern. Und zu guter Letzt haben Kräuter eine starke Würzkraft, wodurch man mit weniger Salz beim Kochen auskommt. Kräuter aus dem Supermarkt sind allerdings sehr oft gespritzt und behandelt und deshalb eher ungesund. Sie sollten sich, wenn möglich, selbst einen kleinen Kräutergarten anlegen. Schon ein Quadratmeter auf dem Balkon oder ein paar Kräutertöpfe auf dem Fensterbrett genügen für eine Auswahl von Küchenkräutern.

* frische, ungespritzte und unbehandelte Kräuter aus dem Garten;
• nicht jodiertes Kräutersalz, Kräuter aus dem Supermarkt;
– Gewürzextrakte, Aromastoffe und Geschmacksverstärker (Maggi, Fondor, Glutamat usw.).

Eier

Eier sind für eine ausgewogene Ernährung nicht nötig. Da wir täglich »versteckte Eier« zu uns nehmen (Backwaren, Mahlzeiten) und zu viele Eier ungesund sind, sollte man nicht mehr als zwei bis drei Eier pro Woche zusätzlich essen. Wer körperlich schwer arbeitet, darf dieses Maß ab und zu überschreiten. Kinder unter zwei Jahren hingegen sollten auf Eier ganz verzichten.

Getränke

Flüssigkeit (vorzugsweise Wasser) ist für den Körper wichtig, damit der Stoffwechsel funktioniert und Giftstoffe und überflüssiger Ballast ausgeschwemmt werden können. So trägt viel Trinken entscheidend dazu bei, gesund und schlank zu bleiben.

Trinken sollte man immer schon vor dem Durst, es ist dabei aber wichtig, gesund zu trinken. Vor allem Alkohol, Kaffee, Tee und Limonaden sind ungeeignet, um den Durst zu löschen. In Limonaden und Cola-Getränken ist eine Unmenge Zucker versteckt (etwa 40 Würfel pro Liter!). Auch Frucht- und Gemüsesäfte sollten während einer Diät nur in Maßen und mit Wasser verdünnt getrunken werden, da sie viel Nährstoffe enthalten.

Auch vor Kräutertees möchte ich warnen. Heilkräuter sind in zu großen Mengen fast immer giftig. Arsen, homöopathisch verschüttelt, heilt, pur genommen wirkt es tödlich. Goethe hat über Jahre hinweg eine Tasse leichten Arnikatee am Abend getrunken, um sein Herz zu stärken, und erfreute sich dabei bester Gesundheit. Aber schon 8,6 Gramm Arnika auf leeren Magen waren für den Schweizer Naturkundler und Forscher Konrad Gesner, der 1565 einen Selbstversuch mit Arnika unternahm, eine tödliche Dosis. Auch vermeintlich harmlose Kräutertees, wie der so beliebte Pfefferminztee, können bei Überdosierung zu gesundheitlichen Problemen führen. Darum sollten Kräutertees immer nur überlegt und in Maßen getrunken werden.

* ungechlortes Trinkwasser, geprüftes Quellwasser oder natürliches Mineralwasser, Getreidekaffee (z. b. Caro), Kräuter- oder Früchtetees, mit Wasser verdünnte reine Frucht- oder Gemüsesäfte oder in Maßen pasteurisierte Milch;
• Fruchtnektar, Gemüsesäfte mit Zusätzen, Heilwässer, Tafelwasser, ab und zu ein Glas Bier oder Wein, Tee oder Kaffee, Kakao;
– Instantgetränke aller Art, frische, nicht abgekochte Milch, H-Milch, Limonaden, Cola-Getränke und andere Aufputschgetränke, Schnäpse und Liköre, Fruchtsaftgetränke (z. B. Apfelsaftgetränke mit wenig Fruchtgehalt).

Warum es so wichtig ist, Frischprodukte zu verwenden

Alles, was über längere Zeit haltbar ist, wurde behandelt; entweder durch das Spritzen mit Gift, durch das Zufügen von Konservierungsstoffen, durch Bestrahlung oder gar durch Genmanipulation.

Auch Tiefkühlkost aus dem Supermarkt ist nicht einfach nur eingefroren, sondern auch noch mit haltbarmachenden Zusätzen versehen. Solche Konservierungsstoffe sind aber keineswegs unbedenklich. Es wird sogar offiziell eingeräumt, daß »gesundheitliche Risiken nicht ausgeschlossen werden können«. Der leichtsinnige Umgang mit solchen Stoffen wird deutlich, wenn man sich überlegt, daß bestimmte Konservierungsstoffe zuerst gesetzlich zugelassen, nach einigen Jahren aber wegen ihrer nachweislich gesundheitsschädigenden Wirkung wieder verboten wurden. Außerdem beziehen sich die erlaubten Grenzwerte eines in Lebensmitteln enthaltenen Zusatzstoffes immer nur auf dieses eine Produkt. Anhäufungen oder gefährliche Wechselwirkungen giftiger Stoffe durch den Verzehr verschiedener konservierter Lebensmittel werden dabei natürlich nicht berücksichtigt.

Haltbar gemachte Waren haben ihre wertvollen Inhaltsstoffe verloren. Ausgelaugt, ihrer Vitamine, Mineralien und Ballaststoffe beraubt, haben sie kaum noch mehr zu bieten, als den Magen zu füllen – und dick zu machen! Solche »tote« Nahrung setzt an. Frische ballaststoffreiche Nahrung hingegen führt dem Körper lebenswichtige Stoffe zu und regt gleichzeitig die Magen- und Darmtätigkeit an.

Auf den Punkt gebracht: Ein Päckchen Kartoffelbrei ist zwar nicht unbedingt gesund, wird Ihnen aber auch nicht schaden. Was aber passiert, wenn Sie dazu auch noch ein Fertiggericht aus der Tiefkühltruhe, in Folie abgepackten Schinken, den angeblich so gesunden Multivitaminsaft und eine mit H-Milch zubereitete Portion Vanillepudding zu sich nehmen? Nicht nur heute, sondern tagtäglich und über Jahre hinweg, vielleicht Ihr ganzes Leben lang?

Es gibt Lösungen!

Falls Sie jetzt ein bißchen mutlos geworden sind, weil Sie in der Stadt wohnen und als Lebensmittellieferanten nur Ihren Supermarkt um die Ecke kennen – es gibt Lösungen! Da ist der Wochenmarkt, auf dem immer auch Händler anzutreffen sind, die eigene naturbelassene Produkte verkaufen, und in vielen Städten gibt es Bioläden. Suchen Sie nach Biobauern auf dem Land, Bauern, die ihr eigenes Vieh schlachten und verkaufen. Und außerdem ist da ja vielleicht auch noch die Schwester der Freundin, die kürzlich an den Stadtrand gezogen ist und jetzt einen Nachbarn mit großem Obstgarten hat – einen Nachbarn, der vielleicht froh ist, wenn ihm jemand beim Ernten hilft und dafür einen Korb Äpfel mit nach Hause nehmen darf.

Es gibt viele Möglichkeiten, an frische Ware zu kommen, man muß vielleicht ein bißchen nach ihr suchen! Hier nur ein Beispiel: Ein Landwirtschaftsbetrieb in München verpachtet seine Felder am Stadtrand parzellenweise an Normalbürger. Die Verpächter pflügen und bestellen für alle, aber im weiteren Verlauf kümmert sich dann jeder selbst um sein Stück Land und das, was darauf wächst. Vielleicht gibt es ja auch in Ihrer Nähe so ein Projekt oder möglicherweise einen Schrebergarten zu mieten?

Oder fahren Sie am Sonntag doch einfach mal gemütlich übers Land, halten Sie Ausschau nach Hofläden, oder fragen Sie in Dorfgasthöfen nach, wo es in der Gegend Biobauern gibt, wo man hofgeschlachtetes Fleisch, ungespritztes Obst oder glückliche Hühner und Eier bekommen kann – wenn möglich geerntet oder geschlachtet nach dem Mondstand. Dann bilden Sie mit anderen interessierten Familien Fahrgemeinschaften, und Sie kaufen beim Erzeuger in größeren Mengen günstiger für alle ein.

Übrigens: Wenn Sie Gemüse selbst einfrieren (ohne haltbarmachende Zusatzstoffe), behält es einen Großteil seiner wertvollen Inhaltsstoffe. Aber frisches, ungespritztes Gemüse ist natürlich immer vorzuziehen.

Kochen mit den Elementen

Der beste Ernährungsberater ist Ihr Körper

Vielleicht erwarten Sie jetzt einen festen Diätplan von mir, an den Sie sich halten können. Aber da nicht alle Menschen an den verschiedenen Elementetagen positiv auf die zugeordneten Lebensmittel reagieren und weil außerdem der Mond jeden zweiten oder dritten Tag in ein anderes Tierkreiszeichen wechselt, ist es nicht möglich, einen allgemeingültigen Plan zu entwerfen. Zum Glück! Denn starre Pläne langweilen schnell und verleiten dazu, die Verantwortung abzugeben.

Die nachfolgenden Rezepte sind vielmehr als Beispiele oder Vorschläge gedacht. So oder ähnlich könnte es aussehen, wenn Sie sich beim Kochen nach den Elementen richten. Inwieweit Sie sich an meine Vorschläge halten, bleibt jedoch Ihnen selbst überlassen. Wenn Ihnen die Portionen zu klein sind, können Sie natürlich mehr essen, Sie werden dann nur langsamer abnehmen. Ich möchte Sie ohnehin davor warnen, möglichst schnell abnehmen zu wollen. Bedenken Sie – Sie haben zwei, vier, vielleicht 20 Jahre gebraucht, um Ihr derzeitiges Gewicht zu erreichen, und Sie sollten nun nicht von sich erwarten, diese Kilos in zwei Wochen wieder loszusein. Setzen Sie sich ein Ziel, das realistisch ist. Ein oder zwei Kilo im Monat sind ein sehr guter Erfolg. Wenn Sie Ihr Gewicht halten und weiter reduzieren können, bedeutet das, daß Sie in einem Jahr 10 oder 15 Kilo verlieren und statt Kleidergröße 44 wieder 40 oder sogar 38 tragen können.

Übrigens: Frauen nehmen langsamer ab als Männer, denn ihr Körper braucht mehr Fett, um seinen Hormonhaushalt regeln zu können. Schon weibliche Säuglinge haben 10 bis 15 Prozent mehr Körperfett als männliche. Also nicht verzweifeln, falls Ihr Mann schneller abnimmt! Finden Sie Ihr eigenes Tempo bzw. Ihren eigenen Rhythmus, um wieder ins Gleichgewicht zu kommen. Damit bringen Sie Ihrem Körper die Achtung und Liebe entgegen, die er verdient!

Wenn Sie selbst Ideen für gute Rezepte haben, sollten Sie nicht zögern und sie ausprobieren. Je mehr Spaß Ihnen das Kochen macht, desto gesünder wird das sein, was auf Ihren Teller kommt. Nur sollten Sie unbedingt darauf achten, naturbelassene, wertvolle Nahrung zu verwenden und auf alles Schädliche (z. B. Zucker, Fett, Weißmehl) in großen Mengen verzichten.

Wichtig: Die Rezepte sind darauf ausgerichtet, daß an den entsprechenden Elementetagen positiv auf die zugeordneten Lebensmittel reagiert wird. Wer aber bei sich selbst beobachtet hat, daß er zum Beispiel gerade an Lufttagen *negativ* auf Fett oder Blumenkohl reagiert, sollte auf seinen Körper hören und diese Lebensmittel gerade an Lufttagen meiden. Deshalb ist es wichtig, ein Mondtagebuch zu führen – nur wer sich selbst kennt, kann sich die Kraft des Mondes erfolgreich zunutze machen.

Die nachfolgenden Rezepte sind für zwei Personen gedacht. Wählen Sie aus diesen Rezepten und/oder Ihrem eigenen Rezepteschatz aus, stellen Sie sich passend zum Mondstand einen Speiseplan zusammen, und ergänzen Sie ihn durch ein wenig »Seelenfutter« (Meditation, Imagination, Ritual) und/oder eine entsprechende Körpermassage (Anleitungen dazu auf S. 150 bis 153).

Morgens gegen 10 Uhr dürfen Sie sich eine Tasse Tee oder Kaffee gönnen und etwas Obst nach Wahl, eine Möhre, einen Joghurt oder bei abnehmendem Mond auch mal ein Plätzchen. Wichtig ist, sehr viel zu trinken (am besten Wasser) und möglichst ab dem späten Nachmittag nichts mehr zu essen. Wenn Sie der Hunger am Abend allzusehr plagt, trinken Sie Wasser, grünen Tee oder mit Wasser verdünnten reinen Fruchtsaft. Oder schließen Sie die Augen, verzehren Sie in Gedanken genüßlich das, wovon Sie gerade träumen, und stellen Sie sich danach vor, satt und zufrieden zu sein.

Rezepte für Erdtage

Frühstück

- Vollkornbrötchen, -brot oder Knäckebrot
  mit etwas Butter und Radieschenscheiben oder Rettich belegen oder mit Honig oder Marmelade oder gewürztem Quark bestreichen.
- Vollkornmüsli mit gebrühten gehackten Rosinen, einer geriebenen Möhre und etwas Joghurt.

Mittagessen

Fenchelgemüse

375 g Fenchel
120 g Tomaten
1 EL kaltgepreßtes Olivenöl
Saft einer halben Zitrone
gehackter Majoran und Salbei
½ TL gestoßener Koriander
Salz, Pfeffer
2 TL Tomatenmark
Schuß Weißwein
½ Bund glatte Petersilie

- Die gewaschenen und geputzten Fenchelknollen der Länge nach vierteln, die Tomaten mit kochendem Wasser überbrühen, häuten und in feine Würfel schneiden.
- Olivenöl in einem Topf erhitzen, den Fenchel darin anbraten. Mit Zitronensaft, Koriander, Majoran, Salbei, Salz und Pfeffer

würzen, dann Tomaten und Tomatenmark dazugeben und alles zugedeckt bei schwacher Hitze schmoren lassen. Nach 10 Minuten Wein zugießen und gut umrühren.

❍ Sobald der Fenchel gar ist, auf Teller verteilen, mit gehackter Petersilie bestreuen und servieren.

Schmorkartoffeln mit Putensteak und Möhrensalat

500 g Kartoffeln
2 Zwiebeln
2 EL kaltgepreßtes Olivenöl oder etwas Butter
Pfeffer, Jodsalz, geriebene Muskatnuß, grüne Kräuter
2 kleine Putensteaks
4 Möhren oder 1 bis 2 gekochte, in Scheiben geschnittene Rote Beete
etwas Zitronensaft, Joghurt und einen Tropfen Öl für den Salat

❍ Kartoffeln waschen, schälen und in Scheiben schneiden.

❍ Zwiebeln häuten, in Scheiben schneiden und im Deckeltopf in Öl glasig dünsten.

❍ Kartoffeln zugeben, mit Jodsalz, Pfeffer, Muskatnuß und grünen Kräutern würzen. Bei geschlossenem Deckel etwa 25 Minuten garen. Die Kartoffeln ab und zu wenden.

❍ Inzwischen Putensteaks in etwas Butter bei mittlerer Hitze braten, erst vor dem Servieren mit etwas Salz und Pfeffer würzen.

❍ Möhren schälen, raspeln und mit Salz, Pfeffer, Zitronensaft und Joghurt sowie einem Tropfen Öl würzen oder entsprechend die Rote Beete als Salat anmachen.

Vollkornnudeln mit Champignonsoße

100 g Vollkorn-Bandnudeln oder Vollkornspaghetti
500 g frische Champignons
1 Zwiebel
1 bis 2 TL Butter
2 Knoblauchzehen
Jodsalz, Pfeffer, Kräuter nach Geschmack
6 EL Schmand
1 Eigelb
2 EL Weißwein
etwas gehackte Petersilie

- Bandnudeln oder Spaghetti in leicht gesalzenem Wasser garkochen – je nach Geschmack eine Knoblauchzehe mitkochen. Wichtig: Nudeln nach dem Garen mit heißem Wasser gut abspülen!
- Inzwischen Champignons putzen und in Scheiben schneiden. Zwiebeln fein würfeln, Knoblauch schälen und blättrig schneiden. In Butter zuerst die Zwiebelwürfel und die Knoblauchzehe glasig dünsten, dann die Champignons zugeben, mit Kräutern, Jodsalz und Pfeffer würzen und alles mit offenem Deckel schmoren lassen. Ab und zu umrühren.
- Nach 10 Minuten den Schmand zugeben, kurz mitkochen lassen.
- Währenddessen Eigelb mit etwas Wein verquirlen, den Topf von der Herdplatte nehmen, die Eimasse zu den Champignons geben und alles gut durchrühren.
- Die Champignonsoße auf den Nudeln anrichten und mit etwas Petersilie bestreuen.

Tiroler Zwiebelgemüse

1 kleine Lauchstange
1 kleiner Bund Frühlingszwiebeln
1 kleine rote Zwiebel
6 bis 8 Perlzwiebeln
1 kleine mehlige Kartoffel
25 g gewürfelter durchwachsener Räucherspeck
1 TL Olivenöl
1 Knoblauchzehe
1/8 l dunkles Bier
150 ml Gemüsebrühe
etwas gehackter Majoran und Thymian
Cayennepfeffer, Salz, schwarzer Pfeffer
1 EL gehackte Petersilie

- Lauch putzen, waschen und in Scheiben schneiden, Frühlingszwiebeln putzen und halbieren. Die anderen Zwiebeln schälen und vierteln, nur die Perlzwiebeln bleiben ganz.
- Kartoffel schälen und fein würfeln, Knoblauch schälen und in feine Scheiben schneiden.
- Das Öl in einem Topf erhitzen, darin den Speck zusammen mit dem Knoblauch anbraten, dann Kartoffeln und Zwiebeln (außer den Frühlingszwiebeln) dazugeben und mitdünsten.
- Den Zwiebeltopf mit Bier ablöschen, Brühe, Lauch und Frühlingszwiebeln hinzugeben, mit Kräutern und Cayennepfeffer würzen und bei zugedecktem Topf 10 Minuten garen lassen, dann mit Salz und Pfeffer abschmecken und nochmals 5 Minuten bei geringer Hitze köcheln lassen.
- Mit Petersilie bestreuen und servieren.

Spargel in Hähnchenbrust

250 g Spargel (frisch oder aus der Dose)
2 Scheiben gekochter Schinken ohne Fett (je etwa 50 g)
2 Hähnchenbrustfilets, je etwa 100 g
Salz, Pfeffer
1 TL Olivenöl
2 Scheiben Scheibletten-Käse
4 kleine Pellkartoffeln
½ Salatkopf
frische Salatkräuter
Küchengarn

- Spargel kochen oder, falls aus der Dose, abtropfen lassen, das Spargelwasser auffangen. Die Hähnchenbrustfilets so aufschneiden, daß sie auseinandergeklappt werden können, und mit Pfeffer und Salz einreiben.
- Schinkenscheiben und Spargel auf die Hähnchenbrustfilets legen, die Filets zusammenklappen und mit Küchengarn zusammenbinden. In Öl auf jeder Seite etwa 3 Minuten anbraten, dann mit etwas Spargelwasser ablöschen.
- Käsescheiben auf das Fleisch legen und alles bei zugedeckter Pfanne noch mal einige Minuten schmoren lassen, bis der Käse geschmolzen ist.
- Mit Pellkartoffeln und Salat servieren.

Gefüllte Kohlrabi

2 Kohlrabi
25 g Vollkornreis
70 g Champignons
1 Bund Petersilie
40 g Doppelrahmfrischkäse
Pfeffer, Jodsalz
60 ml Sahne
Schuß Weißwein

❍ Kohlrabi schälen und in Salzwasser 20 Minuten garen, danach etwas abkühlen lassen und mit einem Teelöffel aushöhlen. In der Zwischenzeit Reis nach Vorschrift kochen.

❍ Das ausgehöhlte Fruchtfleisch und die Petersilie hacken, Champignons putzen, waschen und vierteln. Reis und Frischkäse mit der Hälfte der Petersilie, den Kohlrabiwürfeln, den Champignons und den Gewürzen vermengen, mit der Masse die Kohlrabi füllen.

❍ Die Kohlrabi in einen Topf setzen, Weißwein und Sahne angießen, 20 Minuten garen. Vor dem Servieren nochmals abschmecken und mit Petersilie bestreuen.

Kümmelkartoffeln mit Champignons und Quark

500 g Kartoffeln
2 EL Olivenöl
3 EL Kümmel
500 g frische Champignons
2 Zwiebeln
Pfeffer und Salz
Küchenkräuter nach Geschmack
4 EL Kräuterquark

- Kartoffeln abschrubben und halbieren. Ein Backblech mit etwas Öl bestreichen und mit Kümmel bestreuen. Die Kartoffelhälften mit der flachen Seite nach unten auf das Backblech legen und bei 225 °C 30 bis 40 Minuten im vorgeheizten Backofen garen.
- Inzwischen die Champignons waschen und vierteln, die Zwiebeln fein würfeln und in 1 EL Öl glasig dünsten, dann die Champignons dazugeben, mit Pfeffer, Salz und Kräutern würzen und alles 10 bis 15 Minuten schmoren lassen.
- Die Champignons zusammen mit den Kartoffeln und etwas Kräuterquark servieren.

Kartoffel-Gemüseeintopf

500 g Kartoffeln
100 g Karotten
100 g Sellerie
1 Zwiebel
1 Bund Petersilie
1 EL Olivenöl
½ l Brühe
Pfeffer

- Kartoffeln, Möhren, Zwiebel und Sellerie putzen und würfeln. Petersilie hacken.
- Öl erhitzen, Gemüse und Kartoffeln andünsten, Brühe angießen, mit Pfeffer würzen und bei milder Hitze im geschlossenen Topf etwa 20 Minuten garen.
- Vor dem Servieren mit Petersilie bestreuen.

Für den kleinen Hunger zwischendurch

Banane in der Schale

Wenn Sie Lust auf etwas Süßes haben, braten Sie sich doch eine Banane. Dazu den Backofen auf 200 °C vorheizen, dann die Banane auf dem Rost (oberste Schiene) 10–15 Minuten backen, bis sie ganz weich ist. Nach der Hälfte der Backzeit einmal wenden!

Die Banane auf einen Teller legen, oben aufschlitzen, mit Rum oder Zitronensaft beträufeln und dann mit dem Löffel aus der Schale essen.

- Wenn Sie eher Lust auf etwas Herzhaftes haben: ein kleiner Rettich, leicht eingesalzen, dazu eine Scheibe Knäcke- oder Vollkornbrot.
- Zwiebelbrot: Zwiebelringe in etwas Mehl wenden, dann mit wenig Fett knusprig braun braten, nach Geschmack leicht pfeffern. Auf Vollkornbrot servieren.
- Auch Radieschen oder etwas Quark schmecken zwischendurch auf Brot gut.
- Wer's lieber flüssig mag: Je ⅛ l Tomaten- und Karottensaft mit etwas Zitronensaft, einem Tropfen Öl und einer Prise Pfeffer mixen, in ein Glas füllen und gehackte Petersilie darübergeben. Dieser Cocktail hat sehr viel Vitamin A!

Abendessen

Kartoffelsalat

500 g Kartoffeln
½ Tasse heiße Brühe
1 Bund Radieschen
1 Zwiebel
1 Bund Schnittlauch in Röllchen geschnitten
1 EL Olivenöl
2 EL Balsamicoessig
Pfeffer
1 Handvoll Feldsalat
2 dünne Scheiben kalter Rinderbraten

- Kartoffeln kochen, abschrecken, noch heiß pellen und in Scheiben schneiden. Radieschen waschen und in Scheiben schneiden, Zwiebel würfeln.
- Die Kartoffeln mit *heißer* Brühe (das bindet den Salat), Essig und Öl, Zwiebelwürfeln, Schnittlauchröllchen und Pfeffer zu einem Salat vermischen.
- Wenn der Kartoffelsalat etwas abgekühlt ist, die Hälfte der Radieschen daruntermischen. Die andere Hälfte zusammen mit dem gewaschenen Feldsalat auf zwei Teller verteilen, darauf Kartoffelsalat und Braten anrichten.

Gemüsesuppe mit Dinkel

½ Zwiebel
100 g Möhren
50 g Staudensellerie
1 EL Olivenöl
2 EL Dinkelvollkornschrot (fein)
750 ml nicht zu salzige Gemüsebrühe
½ Kästchen Kresse
2 Scheiben Vollkornbrot oder zwei -brötchen

- Zwiebel und Möhren fein würfeln, Staudensellerie waschen und hobeln.
- Zwiebel in Öl anbraten, das Dinkelschrot dazugeben und leicht anschwitzen, Gemüsebrühe zugießen. Unter Rühren Suppe aufkochen und einige Minuten quellen lassen.
- Staudensellerie und Möhrenwürfel einrühren und etwa zehn Minuten bei geringer Hitze mitkochen lassen.
- Suppe in eine Schüssel oder auf Teller verteilen, kleingeschnittene Kresse drüberstreuen und mit Brot servieren.

Reissalat

60 g ungeschälten Reis
1 Bund Radieschen
4 Möhren
2 kleine Tomaten
100 g Champignons
1 kleine Zwiebel
2 TL Tomatenketchup
geriebener Meerrettich nach Geschmack
(etwa 1 Messerspitze pro Person)
Zitronensaft, Pfeffer, Paprikapulver, frische Kräuter
1/2 TL Honig
2 gestrichene EL Kefir (1,5 %Fett)
1/2 Becher Sahne-Dickmilch
frische Basilikumblätter
2 Vollkornbrötchen

- Reis so lange unter fließendem Wasser waschen, bis das Wasser klar bleibt, dann nach Vorschrift kochen, abschrecken und abtropfen lassen.
- Radieschen waschen und in Scheiben schneiden, Möhren putzen und raspeln, Tomaten fein würfeln, Zwiebel hacken und Champignons in Scheiben schneiden.
- Das so vorbereitete Gemüse unter den abgekühlten Reis mischen, den Salat mit den übrigen Zutaten anmachen, mit Basilikumblättchen garnieren und servieren. Dazu gibt es pro Person ein Vollkornbrötchen oder eine Scheibe Vollkornbrot.

Pilzpastete

250 g Champignons
200 g Austernpilze
1/2 Bund Lauchzwiebeln
1 kleine Zwiebel
1 kleine Knoblauchzehe
100 g Möhren
1/2 Kohlrabi (100 g)
1 EL Butter
Salz, Pfeffer
1 TL Zitronensaft
2 Eier
40 g geriebener Käse
1/2 Bund Majoran
2 EL Vollkorn-Paniermehl
1/2 Kopf grüner Salat

- Champignons putzen, 5 beiseite legen und die übrigen in Scheiben schneiden. Austernpilze kleinschneiden, Lauchzwiebeln putzen und in Ringe schneiden, Zwiebel und Knoblauch fein würfeln, Möhren und Kohlrabi schälen und raspeln.
- Gemüse zusammen mit den Pilzen in heißem Fett andünsten, mit Pfeffer, Salz und Zitronensaft würzen und den Topf vom Herd nehmen.
- Eier, Käse, gewiegten Majoran und Paniermehl unter die Pilzmasse mischen. Die Hälfte der Masse in eine kleine Puddingform mit Deckel füllen, darauf die restlichen Champignons geben und darüber die andere Hälfte der Pilzmasse streichen.
- Backofen auf 200 °C vorheizen. In die Fettpfanne des Backofens kochendes Wasser füllen, die Puddingform zudecken und in die Fettpfanne stellen und die Pilzpastete so 60 Minuten garen lassen. Nach dem Abkühlen aus der Form lösen, in Scheiben schneiden und zu grünem Salat servieren.

Petersilien-Möhren mit Kaviar-Schmand

1 großer Bund junge Möhren
$^1/_4$ l Gemüsebrühe
$^1/_2$ Becher Schmand
1 kleines Glas Kaviar
1 EL Butter
4 Scheiben Vollkorntoast

- Möhren putzen und zehn Minuten in der Gemüsebrühe kochen.
- In der Zwischenzeit Petersilie hacken, Schmand glattrühren und den Kaviar vorsichtig unterziehen.
- Möhren abtropfen lassen, dann zusammen mit der Petersilie in Butter schwenken.
- Die Möhren auf den Toastscheiben anrichten, mit etwas Pfeffer würzen und zusammen mit dem Kaviar-Schmand servieren.

Zwiebelsuppe

300 g Zwiebeln
1 Knoblauchzehe
1 TL Öl und 2 TL Wasser
2 Gewürznelken
100 ml Weißwein
$^1/_2$ l Gemüsebrühe
60 g geriebener Hartkäse
Jodsalz, Pfeffer, frische Küchenkräuter nach Geschmack
Muskatnuß

- Zwiebeln schälen und in Ringe schneiden, Knoblauch schälen und durchpressen.
- In einem Topf Öl und Wasser erhitzen, Gewürznelken, Knoblauch und Zwiebeln zugeben, alles 5 Minuten unter Rühren erhitzen, dann mit dem Weißwein ablöschen und etwas einkochen lassen. Die Gemüsebrühe einrühren und alles bei geschlossenem Deckel 25 Minuten garen lassen.
- Suppe mit Salz, Pfeffer, Küchenkräutern und Muskat abschmecken, in ofenfeste Suppentassen geben und den Käse darüberstreuen. Im vorgeheizten Ofen bei etwa 250 °C fünf Minuten überbacken.

Rezepte für Wassertage

Frühstück

- Vollkornbrot oder -brötchen mit Quark bestrichen und frischen Kräutern bestreut, oder mit etwas Marmelade oder Banane belegt.
- Kräuterjoghurt – frische Gartenkräuter fein hacken und in den Joghurt geben (z. B. Zitronenmelisse, Mandarinensalbei, Petersilie, Schnittlauch oder junge Angelikablätter). Nach Geschmack mit etwas Zitronensaft und Pfeffer würzen.
- Vollkornmüsli mit Joghurt, Mandarinensalbei, $1/2$ Banane und Honig.

Mittagessen

Spinatklößchen

300 g Blattspinat
Salz
150 g Magerquark
2 Eier
30 g Mehl
Pfeffer, geriebene Muskatnuß
20 g Gorgonzola oder Roquefort (Blauschimmelkäse)
6 EL Kaffeesahne
2 kleine Tomaten
20 g Parmesankäse

- Spinat in wenig Salzwasser garen, über einem Sieb abgießen und gut abtropfen lassen.
- Den abgekühlten Spinat in einem Küchentuch auspressen, ebenso den Quark. Dann den Spinat grob hacken und mit Eiern, Mehl, Muskatnuß, Salz und Pfeffer unter den Quark mischen.

- In einem großen flachen Topf Salzwasser zum Kochen bringen, mit zwei Teelöffeln aus der Spinatmasse zwölf Klößchen abstechen und ins Wasser geben, die Klößchen 20 Minuten ziehen lassen (nicht kochen!).
- Inzwischen die Soße zubereiten. Gorgonzola mit der Kaffeesahne in einem kleinen Topf verrühren und bei geringer Hitze schmelzen lassen. Tomaten zur Soße geben, kurz erhitzen.
- Die Soße auf zwei Teller verteilen, die Spinatklößchen und die Tomaten darauf anrichten. Etwas Parmesankäse drüberstreuen und servieren.

Weißkohlauflauf

1/2 Weißkohl (400 g)
20 g Butter
Jodsalz, Pfeffer, Paprikapulver (scharf)
100 ml Brühe
2 kleine Zwiebeln
150 g Gehacktes vom Rind oder Lamm
2 EL Tomatenmark
150 g Schafskäse
1 Ei
100 ml Milch

- Kohl waschen, putzen, hobeln und in der Hälfte der Butter leicht anbraten. Mit Salz, Pfeffer und Paprika würzen, die Hälfte der Brühe angießen, alles zugedeckt 20 Minuten garen lassen.
- Zwiebeln schälen, fein würfeln und in der restlichen Butter glasig dünsten. Hackfleisch zugeben, würzen und alles unter Rühren zehn Minuten anbraten.
- Backofen auf 175 ° C vorheizen, eine Auflaufform fetten, Schafskäse zerbröseln und die restliche Brühe mit Tomatenmark verrühren.

- Zuerst den Kohl, dann das Hackfleisch in die Auflaufform schichten, die Brühe drübergießen und zuletzt den Käse darauf verteilen.
- Ei und Milch verrühren, pfeffern und über den Auflauf gießen. Bei 175 ° C 30 Minuten backen.

Spinat-Kartoffel-Auflauf

250 g festkochende Kartoffeln
250 g Blattspinat
25 g Butter
½ kleine Zwiebel
1 kleine Knoblauchzehe
Prise Salz und Muskat
90 g Sahne-Dickmilch (10 Prozent Fett)
2 Eier
100 g gekochter Schinken ohne Fett
50 g geriebener Emmentaler

- Kartoffeln kochen, Spinat waschen und abtropfen lassen, Zwiebel fein hacken, Knoblauch schälen und durch die Presse drücken oder in feine Blättchen schneiden.
- Butter in einem Topf erhitzen, darin Knoblauch und Zwiebel andünsten. Den Spinat zugeben und mit Muskat, Salz und Pfeffer würzen, alles gut umrühren, dann den Topf vom Feuer nehmen.
- Eier und Sahne-Dickmilch miteinander verquirlen, den Schinken in kleine Streifen schneiden, die Kartoffeln pellen.
- Spinat in eine Auflaufform füllen, darauf die Schinkenstreifen verteilen, dann die Kartoffelscheiben darüber schichten und als letztes die Soße und den geriebenen Käse hinzugeben.
- Den Auflauf im Ofen bei 175 °C 30 bis 35 Minuten backen.

Gefüllte Weinblätter

Für die Füllung:
2 Schalotten
1 kleine Knoblauchzehe
2 gestrichene TL Kapern
60 g Rinderhack
60 g gekochter Reis
Eigelb von einem kleinen Ei
2 TL guter Essig
Messerspitze gemahlener Koriander
½ TL Rosenpaprika
Salz und Pfeffer, Küchenkräuter

Für die Fertigstellung:
50 g eingelegte Weinblätter
etwas Olivenöl
Saft einer halben Zitrone
Als Beilage pro Person ein Vollkornbrötchen

- Schalotten, Knoblauchzehe und Kapern fein hacken. Alle Zutaten für die Füllung in eine Schüssel geben und gut vermischen, dann eine halbe Stunde durchziehen lassen.
- Weinblätter mit kaltem Wasser abspülen und mit Küchenpapier trockentupfen.
- Aus der Füllung kleine Röllchen drehen, auf jedes Weinblatt ein Röllchen legen, das Weinblatt rechts und links einschlagen und aufrollen.
- Olivenöl und Zitronensaft mischen, Röllchen nebeneinander in eine Auflaufform legen und mit dem Zitronenöl beträufeln, bei geringer Hitze etwa 20 Minuten schmoren. Im Sud servieren.

Kartoffel-Sauerkraut-Auflauf

200 g Kartoffeln
200 g Tomaten
50 g Emmentaler
150 g Sauerkraut
Salz, Pfeffer
Paprikapulver, Kümmel und andere Kräuter nach Geschmack
100 g Schmand
50 ml Sahne
1/2 Bund Thymian

- Kartoffeln 20 Minuten kochen, pellen und in Scheiben schneiden, Tomaten in Scheiben schneiden, Käse reiben.
- Die vorbereiteten Zutaten abwechselnd in eine Auflaufform schichten, die einzelnen Lagen würzen.
- Schmand mit Sahne und feingehacktem Thymian verrühren und über den Auflauf geben. Mit Käse bestreuen. Bei 180 °C etwa 35 Minuten überbacken.

Kräuter-Quiche

Für den Teig benötigen Sie:
250 g Mehl
1 Ei
100 g Butter
Jodsalz und frische Kräuter

Für die Füllung benötigen Sie:
200 g Doppelrahmfrischkäse
1 Ei
125 ml Sahne
Jodsalz, Pfeffer, Muskatnuß
je zwei Bund Petersilie und Kerbel
je ein Bund Mandarinensalbei und Dill
(statt Kerbel oder Dill schmeckt auch ein mittelgroßes Blatt Beinwell von der Wiese oder die entsprechende Menge Schnittlauch gut dazu)

- Die Zutaten für den Teig verkneten, den Teig in Folie oder ein Tuch wickeln und mindestens eine halbe Stunde im Kühlschrank ruhen lassen.
- Den Teig ausrollen, eine flache Backform damit auslegen, dabei einen 3 cm hohen Rand aufziehen und den Teig mehrmals mit einer Gabel einstechen. Den Boden bei 200 °C im vorgeheizten Backofen 15 Minuten vorbacken.
- Inzwischen den Belag vorbereiten. Dazu Frischkäse, Ei und Sahne verrühren, mit frischen Kräutern, Jodsalz, Pfeffer und Muskatnuß würzen. Die Kräuter waschen und hacken, dann unter die Käsemasse rühren und damit den Boden bestreichen. Nochmals 15 Minuten backen.

Achtung! Das Rezept ist für vier Personen gedacht, also möglichst nur die halbe Quiche essen. Die andere Hälfte schmeckt am nächsten Tag auch noch kalt als Abendessen. Aber nicht vergessen, es sollten möglichst noch Fische-, Krebs- oder Skorpiontage sein! Wenn der Mond doch schon weitergewandert ist – auch kein Problem! Lassen Sie es sich trotzdem schmecken. Wie schon erwähnt: Essen mit dem Mond soll kein Dogma sein, sondern ein Vorschlag für eine bewußte, gesunde Ernährung.

Für den kleinen Hunger zwischendurch

- ein Stück Vollkorngebäck (nur bei abnehmendem Mond)
- ein kleiner Pfannkuchen mit etwas Honig (nur bei abnehmendem Mond)
- Knäcke- oder Vollkornbrot mit etwas Fischpaste, Frischkäse, Marmolade oder Honig bestreichen
- eine Banane

Abendessen

Kartoffel-Feldsalat

150 g Kartoffeln
2 Schalotten
70 ml heiße Brühe
2 EL Weinessig
Pfeffer, Salz und Kräuter
100 g Feldsalat
2 hartgekochte Eier
2 EL Olivenöl
2 Vollkornbrötchen

- ❍ Kartoffeln kochen, abschrecken, noch heiß pellen, in Scheiben schneiden und in eine Schüssel geben.
- ❍ Schalotten fein hacken, zusammen mit Essig und der heißen Brühe unter die Kartoffeln mischen und alles 20 Minuten ziehen lassen.
- ❍ Inzwischen den Feldsalat putzen, die Eier pellen, das Eigelb herausnehmen und das Eiweiß hacken.
- ❍ Kartoffelsalat mit Öl, Salz und Pfeffer abschmecken, Eiweiß dazugeben, Eigelb durch ein Sieb auf die Kartoffeln streichen, zum Schluß den Feldsalat dazugeben und alles vorsichtig durchmischen. Dazu pro Person ein Vollkornbrötchen servieren.

Spinatsuppe

500 g Blattspinat
½ Zwiebel
60 g Kartoffeln
2 TL Butter
¼ l Gemüsebrühe
Pfeffer, Muskatnuß
2 gestrichene EL Sahne
4 Scheiben Vollkorntoast

- Spinat waschen und abtropfen lassen. Zwiebel fein würfeln, Kartoffeln schälen und in kleine Würfel schneiden.
- Zwiebel und Kartoffeln in heißem Fett andünsten, Spinat dazugeben. Wenn er weich ist, die Brühe angießen und alles 15 Minuten schwach köcheln lassen.
- Danach die Suppe mit dem Pürierstab cremig pürieren, würzen und mit einer Gabel die Sahne unterziehen.
- Dazu pro Person zwei Scheiben Vollkorntoast servieren.

Weißkohl-Salat

200 g Weißkohl
Kümmel
30 g Rosinen
20 g gehackte Mandeln
60 ml Schlagsahne
Saft einer kleinen halben Zitrone
1 TL Honig
4 Scheiben Knäckebrot

- Geputzten Weißkohl in feine Streifen schneiden, waschen, leicht kneten und gut abtropfen lassen, Kümmel, Rosinen und Mandeln untermischen.
- Aus Sahne, Zitronensaft und Honig eine süße Soße rühren und den Salat damit anmachen.
- Dazu pro Person zwei Scheiben Knäckebrot servieren.

Feldsalat auf Knoblauchbrot

Feldsalat
1 Apfel
2 Handvoll Sojasprossen
1 TL gehackte Nüsse
1 TL Rosinen
frische Kräuter
1 kleines Vollkornbaguette
2 Knoblauchzehen
1 EL Olivenöl

- Feldsalat putzen und waschen, Äpfel schälen und in Würfel schneiden.
- Alle Zutaten vermischen, den Salat nach Geschmack anmachen.
- Brot in Scheiben schneiden, Öl in eine Pfanne geben, Knoblauch durchpressen und im Öl anbraten, dann die Brotscheiben im Knoblauchöl anrösten und zum Salat servieren.

Gut an Wassertagen: Eine Salatplatte mit verschiedenen Blattsalaten, Tomaten und frischen Kräutern, dazu Vollkorntoast und vorab eine Dinkel- oder Kräutersuppe (z. B. Kerbelsuppe).

Gebratener Chicorée

3 bis 4 Chicorée
1 EL Butter
1 Knoblauchzehe
etwas Jodsalz und Pfeffer
frische Kräuter
Pro Person ein bis zwei Pellkartoffeln

❍ Chicorée in einzelne Blätter zerteilen und waschen. Butter in einer Pfanne zerlaufen lassen, Knoblauch in die Butter pressen und leicht anbraten. Dann Chicoréeblätter zugeben, mit Salz und Pfeffer und fein gehackten Kräutern würzen und unter Rühren fünf bis sieben Minuten garen.

❍ Währenddessen in einer anderen Pfanne die Kartoffeln knusprig braten. Alles zusammen servieren.

Rezepte für Lufttage

Frühstück

- Vollkornbrot mit Butter und etwas Lavendelhonig
- Vollkorntoast mit Holunderblütengelee
- Vollkornmüsli mit Obst und Joghurt
- Vollkorntoast mit Erdnußbutter

Mittagessen

Omelett mit Brokkolifüllung

Für das Omelett brauchen Sie:
70 g Mehl
Pfeffer und Jodsalz
1 kleines Ei
60 ml Vollmilch
60 ml Mineralwasser
20 g Butterschmalz zum Braten

Für die Füllung brauchen Sie:
1 Brokkoli
1 Zwiebel
¼ l Gemüsebrühe
2 Champignons
Salz, Pfeffer, Muskatnuß
50 g Schafskäse
2 Scheiben Schinken

- Brokkoli putzen, waschen und in Röschen zerteilen, Zwiebel schälen und fein würfeln, Champignons in dünne Scheiben schneiden, Schinken in Streifen schneiden und Schafskäse zerbröseln.

- Mehl, Ei, Milch, Mineralwasser und Gewürze zu einem Teig verrühren, 15 Minuten quellen lassen.
- Inzwischen Brokkoli und Zwiebel in der Gemüsebrühe garen. Wenn der Brokkoli fast gar ist, die Champignons dazugeben und noch ein paar Minuten mitgaren lassen. Dann alles über einem Sieb abgießen (Brühe fürs Abendessen aufheben) und abtropfen lassen.
- Aus dem Teig zwei Omeletts backen.
- Schinkenstreifen und Schafskäse unter das Gemüse heben, mit Salz, Pfeffer und Muskatnuß nachwürzen, Omeletts mit dem Gemüse füllen, zusammenklappen und servieren.

Blumenkohlauflauf

1 kleiner Blumenkohl
Salz, Pfeffer und Muskatnuß
2 Eier
4 EL Milch
100 g Putensteak
100 g Tiefkühl-Erbsen
50 g Edamer

- Den Blumenkohl putzen und waschen, 20 Minuten in kochendem Salzwasser garen. Danach vorsichtig über einem Sieb abgießen und den Blumenkohl abkühlen lassen. Erst dann in Röschen zerteilen.
- Die Hälfte der Röschen pürieren, Eier und Milch unterrühren, mit Salz, Pfeffer und Muskatnuß würzen.
- Putensteak in feine Streifen schneiden und ohne Fett in einer beschichteten Pfanne anbraten. Fleisch zusammen mit den Erbsen unter das Püree mischen und die Masse in eine Auf-

laufform geben. Die andere Hälfte der Blumenkohlröschen auf dem Auflauf verteilen und leicht andrücken, anschließend den Käse darüberstreuen und alles bei 200 °C etwa 15 Minuten überbacken.

Gratinierter Rosenkohl

500 g Rosenkohl
125 g mageres Kasseler am Stück
1 TL Butter
Pfeffer, Salz und Muskatnuß
75 g Edamer in Scheiben

❍ Den Rosenkohl etwa 10 Minuten kochen (die Röschen sollen noch Biß haben), über einem Sieb abgießen und abtropfen lassen.

❍ Kasseler in Streifen schneiden, in einer Auflaufform mit wenig Butter anbraten, dann den Rosenkohl dazugeben. Pfeffer, Salz und Muskatnuß darüberstreuen, mit Käsescheiben abdecken und den Auflauf bei 200 °C 10 bis 15 Minuten überbacken.

Linsen-Gemüse-Curry

1 kleiner Blumenkohl
200 g Möhren
80 g rote Linsen
20 g Butter
5 TL Currypulver
180 ml Gemüsebrühe
150 ml Schlagsahne
Jodsalz, Pfeffer, frische Kräuter
30 g Kürbiskerne
4 Scheiben Knäckebrot

- Den gewaschenen, geputzten Blumenkohl in Röschen zerteilen, die geschälten Möhren in Stifte schneiden, die Linsen abspülen.
- Butter in einem Topf zerlaufen lassen und den Curry darin anrösten. Blumenkohl zufügen und gut umrühren, Brühe angießen, alles 20 Minuten im geschlossenen Topf köcheln lassen. Nach etwa 5 Minuten die Möhren dazugeben, nochmals 5 Minuten später die Linsen und die Sahne.
- Das Curry mit Gewürzen und Kräutern abschmecken und zum Schluß die Kürbiskerne darüberstreuen. Dazu je zwei Scheiben Knäckebrot servieren.

Artischocken

2 Artischocken
$^{1}/_{2}$ *Zitrone*
2 EL Balsamico-Essig
2 EL Apfelsaft
2 TL süßer Senf
Jodsalz, Pfeffer, frische Kräuter
1 kleines Vollkornbaguette

❍ Von den Artischocken den Stiel und die Spitzen der Blätter abschneiden. In einem großen Topf in reichlich Wasser mit etwas Salz und einigen Tropfen Öl etwa 40 Minuten kochen. (Zur Probe kann man von unten ein Blatt abzupfen. Löst es sich leicht, ist die Artischocke gar.)

❍ Inzwischen aus den übrigen Zutaten eine Soße rühren.

Tip: Artischocken werden so gegessen: Man zupft von unten ein Blatt ab, taucht es mit dem unteren Teil in die Soße und lutscht den weichen Teil des Blattes heraus. Das restliche Blatt wird beiseite gelegt. Je weiter man nach innen vordringt, desto kleiner und weicher werden die Blätter. Die letzten Blätter löst man ab und legt sie weg. Zurück bleibt der Boden mit seinen Röhrenhärchen. Diese löst man mit dem Messer vorsichtig ab und ißt zuletzt den Boden der Artischocke. Dazu schmeckt Vollkornbaguette, und wer mag, darf sich dazu ein Glas Weiß- oder Rotwein gönnen.

Überbackener Brokkoli

1 großer oder 2 kleine Brokkoli
100 g Schafskäse
100 g Schinken
Jodsalz und Pfeffer

- Brokkoli waschen, putzen und in Röschen zerteilen. Dann etwa zehn Minuten in Salzwasser kochen (er sollte noch Biß haben).
- Abgetropften Brokkoli in eine Auflaufform geben, mit Salz und Pfeffer würzen, Schinken in Streifen schneiden und auf dem Brokkoli verteilen, Schafskäse über dem Auflauf zerbröseln und alles im vorgeheizten Backofen bei mittlerer Hitze goldbraun überbacken.

Für den kleinen Hunger zwischendurch

- Vollkorntoast mit Makrelenfilet
- Vollkornbrot mit Quark, Butter oder Erdnußbutter

3 Hollerküchle (nur bei abnehmendem Mond)
Sie benötigen:
150 g Mehl
1 großes Ei
$^1/_8$ l Milch
kleine Prise Salz
6 große Holunderblütendolden mit Stiel
Zucker zum Bestreuen
Fritierfett oder Pflanzenöl

- Aus Mehl, Eiern, Milch und Salz einen Pfannkuchenteig rühren.
- Die Holunderblütendolden waschen und auf einem Küchentuch trocknen lassen.
- Das Fett in der Friteuse oder Öl in einer hochwandigen Pfanne erhitzen, die Holunderblütendolden in den Pfannkuchenteig tauchen und im heißen Fett goldgelb ausbacken.
- Vor dem Servieren die Stiele abschneiden, die Küchle mit Zucker bestreuen und noch heiß servieren.

Abendessen

Artischockensalat

1 kleine Zwiebel
1 Glas Artischockenböden
1 Dose Mais
Essig, Öl
Salz, Pfeffer
1 kleines Vollkornbaguette

❍ Zwiebel fein hacken und mit Artischockenböden und Mais vermischen. Mit einem Dressing aus Essig, Öl, Salz und Pfeffer übergießen und mit Vollkornbaguette servieren.

Blumenkohlsalat

1 kleiner Blumenkohl
50 g durchwachsener Speck
Essig und Öl
Jodsalz, Pfeffer, Muskatnuß
2 Vollkornbrötchen

- Blumenkohl putzen, in Röschen zerteilen und andünsten (er soll noch Biß haben).
- Speck klein würfeln und rösten.
- Blumenkohl und Speck vermischen, aus Essig, Öl und den Gewürzen ein Dressing herstellen und über den Blumenkohl geben. 20 Minuten ziehen lassen, dabei ab und zu umrühren. Dazu Vollkornbrötchen servieren.

Weitere Vorschläge:

- Blumenkohlsuppe
- Brokkolisuppe
- Blumenkohl oder Brokkoli mit etwas Schafskäse oder Camembert überbacken.

Rezepte für Feuertage

Frühstück

- Müsli mit frischem Obst und Joghurt
- Ein Ei und Vollkorntoast mit Butter
- Toast mit rohem Schinken ohne Fett

Mittagessen

Grünkernbraten

½ Bund Suppengemüse
1 Zwiebel
1 Knoblauchzehe
1 EL Butterschmalz
120 g Grünkerngrütze
370 ml Gemüsebrühe
50 g Emmentaler
1 EL Vollkornpaniermehl
1 Ei
60 g Pinienkerne
½ Bund Thymian
Salz, Pfeffer, Paprikapulver
Salat als Beilage

- Das geputzte Suppengemüse und die geschälte Zwiebel fein würfeln, Knoblauchzehe abziehen und durchpressen.
- Die Grünkerngrütze in Butterschmalz andünsten, Gemüse, Zwiebeln und Knoblauch dazugeben, Brühe angießen und 30 Minuten bei schwacher Hitze quellen lassen.
- Nach und nach die übrigen Zutaten dazugeben, die Grünkern-

masse würzen, einen Braten daraus formen und bei 200 °C etwa 40 Minuten backen.

- Dazu Salat servieren.

Das Rezept ist sehr reichlich bemessen. Tip: Lassen Sie etwas übrig, und essen Sie den Rest am nächsten Tag kalt zu etwas Salat.

Fischspieß

100 g Rotbarschfilet
4 ausgelöste, entdarmte Riesenscampi
Jodsalz, Pfeffer, scharfer Paprika
1/2 rote Paprikaschote
1/2 Zucchini
Saft einer halben Zitrone
1 Knoblauchzehe
1 bis 2 TL Sojasoße
2 EL Olivenöl
1/2 TL Kräuter der Provence (Fertigmischung)

- Das Fischfilet grob würfeln, Gemüse putzen, Zucchini in Scheiben schneiden, Paprikaschote erst vierteln, dann die Teile quer halbieren. Alles in bunter Reihe auf Schaschlikspieße stecken, salzen, pfeffern und mit Paprika würzen. Scampi und Fischstücke mit etwas Zitrone beträufeln.
- Knoblauchzehe schälen und durch die Presse drücken. Knoblauch, Öl, Sojasoße, Pfeffer und Kräuter zu einer Soße verrühren, die Fischspieße damit einpinseln und auf einem Rost 7 bis 10 Minuten grillen. Öfter wenden und mit der Marinade einstreichen.
  Dazu ein Vollkornbrötchen servieren.

Kabeljau mit scharfem Ananasgemüse

250 g Kabeljausteaks
Saft einer halben Zitrone
Jodsalz, Pfeffer
Dill, Kerbel, Petersilie
1/2 frische Ananas (250 g)
1 Apfel
300 g Porree
1 EL Olivenöl
1 kleines Stück frischer Ingwer
1 getrocknete Chilischote
1 Messerspitze Nelkenpulver
1 1/2 Tassen Vollkornreis

- Fisch waschen, trockentupfen, mit Zitronensaft beträufeln und mit feingehackten Kräutern, Salz und Pfeffer würzen.
- Ananas schälen, das harte Markstück herausschneiden, Fruchtfleisch in Stücke schneiden. Apfel schälen und würfeln. Porree putzen, waschen und in Ringe schneiden. Ingwer schälen und sehr fein hacken. Chilischote ebenfalls fein hacken.
- Porree und Früchte in einen Deckeltopf geben, Chilischoten, Ingwer und Nelkenpulver unter das Gemüse mischen, Fisch darauflegen und alles bei geschlossenem Deckel bei mittlerer Hitze 30 bis 40 Minuten garen lassen.
- Mit Vollkornreis servieren.

Gefüllte Paprikaschoten

2 Paprikaschoten
½ Bund Suppengemüse
1 kleine Zwiebel
1 kleine Knoblauchzehe
10 g Butter
40 g Vollkornreis
50 g Emmentaler
1 Bund Petersilie
Kräutersalz, Pfeffer
1 EL Olivenöl
100 ml Gemüsebrühe
1 EL Tomatenmark

- Von den gewaschenen Paprikaschoten einen Deckel abschneiden und die Kerne herausschälen. Suppengemüse putzen, waschen und kleinschneiden. Zwiebel und Knoblauchzehe fein würfeln.
- Das Gemüse in Butter andünsten, Reis in 160 ml Wasser garen.
- Gemüse und Reis vermischen. Petersilie hacken, Käse raspeln und beides unter den Reis heben. Die Reismischung würzen und in die ausgehöhlten Paprika füllen.
- Paprikaschoten in heißem Öl andünsten, Brühe angießen, Tomatenmark dazugeben und verrühren. Alles bei geschlossenem Deckel 20 Minuten schmoren lassen.

Dieses Gericht hat sehr wenig Kalorien, darum ist es ideal für die Zeit um Vollmond. Bei abnehmendem Mond dürfen ganz Hungrige auch mal die doppelte Portion essen!

Steak mit Tomatengemüse

10 Tomaten
Kräuter nach Geschmack
1 kleine Knoblauchzehe
1 EL Butter
Jodsalz und Pfeffer
2 Steaks
1 EL Öl
2 Vollkornbrötchen

- Tomaten waschen und vierteln, Knoblauch und Kräuter hacken. Alles zusammen kurz in etwas Butter andünsten, mit Salz und Pfeffer würzen.
- Inzwischen die Steaks in etwas Öl scharf anbraten (Zeit nach Geschmack). Vor dem Servieren mit Pfeffer und Salz würzen.
- Tomatengemüse mit Steak auf einem Teller anrichten. Dazu pro Person ein Vollkornbrötchen servieren.

Geschnetzeltes mit grünen Paprikaschoten

1 ½ Tassen Vollkornreis
250 g Schweine- oder Putenschnitzel
½ TL Speisestärke
Jodsalz und Pfeffer
10 g Butterschmalz
1 grüne Paprikaschote
1 kleine Knoblauchzehe
25 g entsteinte schwarze Oliven
150 ml Brühe
Schuß Sherry
½ TL Honig
1 EL Mandelstifte

❍ Reis nach Vorschrift garen.
❍ Schnitzel salzen, pfeffern, in sehr feine Streifen schneiden, knusprig braten und aus der Pfanne nehmen.
❍ Paprika putzen und in Streifen schneiden, Knoblauch zerdrücken, beides im Bratenfett andünsten. Die Oliven in Scheibchen schneiden und zufügen. Brühe und Sherry angießen, alles 5 bis 7 Minuten köcheln lassen.
❍ Fleisch zum Gemüse geben, nochmals aufkochen lassen, mit Gewürzen und Honig abschmecken. Vor dem Servieren Mandelstifte darüberstreuen.
❍ Mit Reis servieren.

Forelle blau

2 kleine Forellen
Essig, Salz
1 Apfel
2 Tomaten
1 Paprikaschote
½ Salatgurke
Jodsalz, Pfeffer
Kräuter nach Geschmack
1 EL Walnußöl
1 EL Balsamico-Essig
1 TL süßer Senf

- Wasser mit einer Prise Salz in einem Topf zum Kochen bringen. Wenn es kocht, einen Schuß Weinessig ins Wasser geben, dann die Forellen mit dem Kopf zuerst ins Wasser gleiten und etwa 20 Minuten ziehen (nicht kochen!) lassen.
- Inzwischen Apfel, Tomaten, Paprikaschote und Salatgurke waschen, kleinschneiden und vermischen. Aus den übrigen Zutaten eine Soße anrühren und über den Salat geben. Zusammen mit der Forelle servieren. Wer möchte, kann ein kleines Glas gespritzten Weißwein (Schorle) dazu trinken.

Für den kleinen Hunger zwischendurch

- Schafskäse auf Knäckebrot mit viel Paprika scharf gewürzt
- Obstsalat mit Zitronensaft und Honig angemacht
- Erdbeeren ohne Zucker, dafür mit etwas Sahne
- Ein Hühnerbein und ein paar Scheiben Gurke
- Tomatensaft mit Tabasco scharf gewürzt
- Pfirsichcocktail: 2 vollreife Pfirsiche mit kochend heißem Wasser übergießen, damit sich die Haut besser löst. Dann die Haut abziehen, das Fruchtfleisch von den Kernen lösen, würfeln und zusammen mit 2 TL Honig, 2 EL Zitronensaft und 1 bis 2 EL Sanddorn Vollfrucht ungesüßt (bekommt man im Reformhaus) mit einem Pürierstab oder im Mixer pürieren. Reicht für zwei bis drei Personen und ist ein echter Powerdrink.

Abendessen

Kichererbsensalat

80 g Kichererbsen
300 g gemischtes Gemüse
(z. B. Paprika, Kürbis, Bohnen, Avocado, Zucchini oder Gurke)
1 Zwiebel
1 Knoblauchzehe
1 Packung Bambussprossen
1 Bund Petersilie
2 Vollkornbrötchen

Für die Sauce benötigen Sie:
1 EL feiner Essig
1 bis 2 EL Gemüsebrühe
1 TL scharfer Senf
1 EL Olivenöl
½ feingehackte Zwiebel
1 Knoblauchzehe
1 Messerspitze frischer Meerrettich
Jodsalz, Pfeffer

- Die Kichererbsen am Abend vorher nach Vorschrift einweichen, dann zubereiten, mit kaltem Wasser abbrausen und abgekühlt bis zur Weiterverarbeitung aufbewahren.
- Gemüse, gehackte Zwiebel und durchgepreßten Knoblauch leicht dünsten – es sollte noch Biß haben – und abkühlen lassen.
- Die Zutaten für die Soße verrühren, Kichererbsen, Bambussprossen und Gemüse mischen, Salatsoße darübergeben, mit feingehackter Petersilie bestreuen und mit einem Vollkornbrötchen servieren.

Scampi auf Salat

6 Scampi
1 EL Olivenöl
4 Salatblätter
Tomaten, Paprika und Salatgurke
Jodsalz, Pfeffer
Kräuter nach Geschmack
1 EL Walnußöl
1 EL Balsamico-Essig
1 kleines Vollkornbaguette

- Scampi in etwas Öl von beiden Seiten anbraten. Danach schälen.
- Salat, Tomaten, Paprika und Gurke für den Salat vorbereiten. Aus den übrigen Zutaten eine Soße mischen und über den Salat geben. Die Scampi darauf anrichten und mit dem Baguette servieren.

Avocado-Käse-Teller

1 kleine Zwiebel
1 kleine Knoblauchzehe
Pfeffer und Salz
2 EL feiner Essig
2 EL Olivenöl
100 g milder Schafskäse
250 g Tomaten
½ Avocado
1 EL Zitronensaft
gehackte Petersilie
4 Scheiben Vollkorntoast

- Zwiebel und Knoblauch fein würfeln, zusammen mit Essig, Öl, Pfeffer und wenig Salz eine Soße rühren.
- Tomaten und Schafskäse in Scheiben schneiden, Avocado schälen, halbieren und den Stein auslösen. Eine Hälfte in Streifen schneiden und diese in Zitronensaft wenden.
- Avocado, Tomaten und Schafskäse auf zwei Tellern anrichten, mit dem Dressing beträufeln und etwas gehackte Petersilie darüberstreuen. Dazu zwei Scheiben Vollkorntoast servieren.

Apfel-Carpaccio

1 große oder 2 kleine Avocados
2 Äpfel
1 Zitrone
1 TL Balsamico-Essig
2 EL Apfelsaft
2 TL Honig
Senf, Jodsalz, Pfeffer
4 EL Walnuß- oder Olivenöl
1 Kästchen Kresse
2 EL geröstete Sesamsamen
2 Vollkornbrötchen

- Avocado schälen, die Äpfel waschen und vierteln, beides entkernen, in Scheiben schneiden und immer abwechselnd schuppenförmig auf zwei Teller schichten.
- Aus Zitronensaft, Essig, Apfelsaft, Senf, Honig, Salz, Pfeffer und dem Öl eine Salatsoße rühren und über die Apfel-Avocado-Schnitten geben. Zum Schluß mit Kresse und Sesam bestreuen und mit einem Vollkornbrötchen servieren.

Weitere Vorschläge:

- Tomatensuppe und ein Vollkornbrötchen
- Vollkornbrot mit angemachtem Tatar oder Lachs
- 2 Matjesheringe mit Salat
- 1 Spiegelei auf Vollkorntoast und Salat

Übungen für die Seele

Körper und Seele bilden eine Einheit. Ist der Körper krank, leidet auch die Seele und umgekehrt, ist die Seele krank, sieht man es auch dem Körper an.

»Du siehst aber schlecht aus – bist du krank?« Diese besorgte Frage haben wir wohl alle schon mal gehört. Und dann kommt vielleicht die Antwort: »Nein, aber ein lieber Mensch ist gestorben/mein Mann hat mich verlassen/die Kinder machen Probleme.«

Zwischen innen und außen besteht eine enge Verbindung. Für viele Gesellschaften und Kulturen ist das keine Frage. Bei uns behandeln viele Ärzte hauptsächlich die körperlichen Symptome, weniger die seelischen Ursachen. Erst durch die Heilung von Körper und Seele und durch deren Harmonie wird der Mensch gesund und glücklich.

Deshalb möchte ich in meinem Buch neben den Informationen zum Mond nicht nur Tabellen und Kochrezepte weitergeben, sondern auch die Anregung, zusätzlich zum gesunden, bewußten Essen etwas für die Seele zu tun.

Wie bereits beschrieben, sind Imaginationen ein anerkanntes Hilfsmittel zur Gesundung von Leib und Seele, weil für das Unterbewußtsein die Vorstellung von etwas dieselbe Qualität hat wie das tatsächliche Tun.

Hier ein kleiner Test: *Schließen Sie die Augen. Stellen Sie sich eine Zitrone vor. Stellen Sie sich vor, hineinzubeißen!*

Nun, was ist passiert? Ich bin sicher, das Wasser ist Ihnen im Mund zusammengelaufen, so sauer, als hätten Sie tatsächlich in eine Zitrone gebissen.

Imagination oder Meditation?

Die Imagination (die bildhafte Vorstellung von etwas) arbeitet mit inneren Bildern und deren Symbolkraft, und Bilder sind Gestalt gewordene Gedanken. Die Meditation hingegen versucht, durch das Loslassen von Gedanken und Wertvorstellungen Platz für »Erleuchtung« zu schaffen. Damit ist nicht die große, göttliche Erleuchtung gemeint, die den Normalbürger zum Heiligen macht. Es können ganz kleine Einsichten sein, die aber nicht durch den Intellekt erreicht wurden, sondern auf einer anderen ganzheitlichen Ebene.

Eine meiner kleinen Erleuchtungen passierte während einer Autofahrt. Ich saß entspannt auf dem Beifahrersitz und starrte, ohne zu denken, auf den Mittelstrich der Straße, der immer wieder abriß. Da wurde mir plötzlich klar, daß Emanzipation nicht bedeutet, daß wir Frauen anstreben, wie Männer zu leben. Damit sind wir ihnen nur wieder ausgeliefert. Emanzipation bedeutet vielmehr, weiblich sein zu dürfen und dabei stark, ohne »Punkteabzug«. Weil ich es zuerst in meiner Mitte verstanden hatte, bevor es als Information in meinem Kopf ankam, hatte dieses Wissen eine ganz andere, tiefergehende Qualität für mich als nur der reine Gedanke – es war eben eine »Erleuchtung«. In Zukunft fiel es mir viel leichter, eine starke Frau zu sein, ohne dabei meine Weiblichkeit zu verleugnen.

Imagination arbeitet also mit der Fülle (Bilder, die dem Unterbewußtsein entspringen), Meditation mit der Leere. Diese Leere kann durch stilles Sitzen und Nicht-Denken erreicht werden, aber auch durch Bewegung und Tanz – man denke nur an die tanzenden Derwische oder die stampfenden Ritualtänze der Indianer oder Afrikaner.

Es gibt sehr viele verschiedene Arten der Meditation, und dies waren nur zwei Beispiele.

Beides, Imagination und Meditation, bringt uns näher zu unserer Mitte. Meiner Meinung nach ist die Imagination für Menschen unseres westlichen Kulturkreises besser geeignet, womit ich nicht sagen will, daß wir auf die Meditation verzichten sollen. Sie kommt unserer Mentalität nur weniger entgegen, was aber durchaus ein Anreiz sein kann, sich darin zu üben.

Praktische Tips zur stillen Meditation

Stille Meditationen sind für Ungeübte oft schwierig, weil wir alle mehr oder weniger zu »Machern« erzogen wurden. Mit Hektik können wir umgehen, mit der Stille und der absoluten Ruhe nicht. Wenn also die Zeit am Anfang sehr lang erscheint, hören Sie nicht einfach auf, sondern gehen Sie ein kleines Stück über Ihre persönliche »Schmerzgrenze« hinaus, und brechen Sie erst dann die Übung ab. Beim nächsten Mal wird es schon besser gehen. Wichtig ist, die Wirbelsäule gerade zu halten, damit die Energie fließen kann. Wer damit Probleme hat, kann sich für den Anfang flach auf den Boden legen. Eine Zeituhr (Eieruhr) hilft Ihnen beim Einhalten der vorgegebenen Zeit, ohne daß Sie ständig die Augen öffnen und auf die Uhr sehen müssen.

Rituale

Der Mensch braucht Rituale. Rituale helfen, Werte und Vorstellungen bewußt zu machen und zu pflegen, oder Falsches loszulassen. Sie helfen bei Übergängen in eine andere Lebenssituation, sie bringen Halt und Geborgenheit in unser Leben.

In unserer Gesellschaft sind vor allem kirchliche Rituale bekannt. Zum Beispiel das Hochzeitsritual oder das Ritual der Kommunion oder Konfirmation, das den Übergang ins Erwachsenenleben symbolisiert. Leider sind unsere Rituale heute sehr oft verwässert, und der Sinn ist nicht mehr bekannt oder von Geschenken überlagert. Kinder, die zur Kommunion gehen, denken dabei vor allem an das schöne weiße Kleid oder das viele Geld, das sie bekommen.

In Gesellschaften, die noch naturverbunden sind, sehen Pubertätsrituale ganz anders aus. Söhne, die geschlechtsreif geworden sind, müssen z. B. die Neumondnacht im Urwald verbringen. Die Väter sind in der Nähe, ohne daß die Söhne davon wissen. Oft machen sie unheimliche Geräusche, um die Angst zu verstärken, die ein Junge, der bald Mann und Jäger sein wird, bezwingen lernen muß. Die Mütter, die im Dorf bleiben, schreien die Nacht über laut und beklagen den Tod ihrer Söhne, die dort draußen von wilden Tieren gefressen werden, was zum Teil natürlich als reale Angst verstanden werden muß, jedoch vor allem einen symbolischen Charakter hat. Denn genau darum geht es schließlich: Die Kinder »sterben« und kehren als erwachsene Männer – dem Einflußbereich der Frauen entzogen – am nächsten Tag zurück. In dieser Nacht machen die Mütter sich durch ihre lautstarke Trauer bewußt, daß sie ihre Söhne endgültig loslassen müssen, wenn sie Männer werden sollen – ein Bewußtsein, das den Müttern in unserer Gesellschaft oft abhanden gekommen ist.

Töchter hingegen, die zum ersten Mal menstruieren, müssen drei Tage und Nächte allein in einer Hütte verbringen und bekommen nur ihr Essen hingestellt. In dieser Zeit des Alleinseins werden sie sich ihrer neuen Stellung als Frau in der Gemeinschaft bewußt. Auch sie müssen sich mit ihrer Angst und der Einsamkeit auseinandersetzen und sie überwinden. Am Ende dieser Tage, wenn sie die Hütte verlassen dürfen, werden sie vom ganzen Dorf als erwachsene Frauen gefeiert und zukünftig auch als solche behandelt.

Das sind nur zwei von vielen Pubertätsritualen, die es auf der Welt gibt und die nicht von Geschenken leben, sondern das Wesentliche in den Vordergrund stellen – nämlich die Ablösung von den Eltern, die wichtigste Voraussetzung für das Erwachsensein. Natürlich gibt es auch kleine, weniger dramatische Rituale, die uns auf unserem Weg durchs Leben helfen können. Nehmen wir den jüdischen Brauch, am Sabbat ein Gedeck mehr aufzulegen, das für den Erlöser gedacht ist, dessen Kommen nach dem jüdischen Glauben noch erwartet wird. So ist ein gläubiger Jude sich dessen immer bewußt, ehrt Gott und nährt seine Hoffnung. Aber auch das Anziehen anderer Kleidung, wenn man nach der Arbeit nach Hause kommt, kann ein tägliches Ritual sein, mit dem man bewußt den Feierabend einleitet.

Übrigens: Das sogenannte Beschneidungsritual, das heute noch an vielen afrikanischen Mädchen durchgeführt wird, ist in Wahrheit *kein* Ritual, denn es erfüllt keinen rituellen Zweck, sondern dient nur den Männern. Durch die Beschneidung soll sichergestellt werden, daß Frauen keine Freude am Sex haben, sondern im Gegenteil dabei Schmerzen empfinden. Dadurch soll ausgeschlossen werden, daß sie fremdgehen und ein Kind von einem anderen Mann bekommen.

Die Menschenopfer mancher vorzeitlichen Völker sind hingegen tatsächlich als Rituale anzusehen. Man glaubte, so die Götter zu ehren und zu besänftigen. Man gab ihnen freiwillig einen aus den eigenen Reihen, damit nicht alle von den Göttern vernichtet würden. Die Geopferten waren heilig und wurden als Helden verehrt, denn sie retteten ihr Volk. Es gab auch Könige, die nach

Ablauf ihrer Amtszeit getötet wurden. Später ging man dann dazu über, diese Opferung symbolisch durchzuführen, zum Beispiel durch ein Tieropfer, und war so in der Lage, einen fähigen König für eine zweite Amtszeit einzusetzen.

Der Umgang mit dem folgenden Teil des Buches

So wie ich Rezeptvorschläge vorgestellt habe, die helfen können, gesünder zu essen, möchte ich im folgenden auch Rituale, Imaginations- und Meditationsvorschläge vorstellen, die helfen können, seelisches Gleichgewicht zu erlangen. Sie richten sich nach den Elementen oder den Mondphasen. Wenn Sie dann einmal Lust haben, etwas für Ihre Seele zu tun, sehen Sie im Kalender oder auf der Tabelle nach, welches Mondalter gerade ist oder in welchem Sternzeichen der Mond gerade steht, und suchen Sie sich von den verschiedenen Vorschlägen die für Sie passende Übung dazu aus. Oder vielleicht haben Sie ja auch selbst eine Idee, was Ihnen an diesem Tag besonders gut tun würde – versuchen Sie ruhig auch selbst, ein Ritual oder eine Imagination zu gestalten.

Ablauf einer Imaginationseinleitung

Die Einleitung zu einer Imagination hat den Sinn, den Blick von außen nach innen zu richten, oder, anders gesagt, gedanklich Abstand zu nehmen von den vielen Dingen des Alltags, die uns vom Eigentlichen ablenken. Es geht dabei nicht zwangsläufig um Entspannung, wie oft gemeint wird. Imaginieren kann auch jemand, der nicht entspannt ist. Allerdings ist die Entspannung ein angenehmes und durchaus erwünschtes »Nebenprodukt«.

Es ist gut, für alle Imaginationen dieselbe Einleitung zu wählen und diese, bevor man imaginiert, erst ein paarmal zu üben, so daß später nicht mehr darüber nachgedacht werden muß: Was kommt jetzt, was muß ich tun?

Ich formuliere die Imaginationen im »Du«, so als würden Sie sich den Text selbst vorsprechen – denn das tun sie später auch.

Einleitung:
Lege Dich bequem hin und schließe die Augen. Konzentriere Dich auf den Solarplexus (er liegt etwa eine Handbreit über dem Magen), und atme dabei ruhig und tief. Stell Dir vor, bei jedem Einatmen nimmst Du neue Energie auf, bei jedem Ausatmen läßt Du verbrauchte Energie mit dem Atem ausströmen (etwa fünf Minuten wiederholen).

Imaginationen, Meditationen und Rituale für Erdtage

Erde erleben (Imagination)

Lege Dich bequem hin und schließe die Augen. Konzentriere Dich auf den Solarplexus und atme dabei ruhig und tief. Stell Dir vor, bei jedem Einatmen nimmst Du neue Energie auf, bei jedem Ausatmen läßt Du verbrauchte Energie mit dem Atem ausströmen …

Nun stell Dir eine satte, grüne Sommerlandschaft vor, und wandere einige Zeit durch diese Landschaft. Nimm eine Handvoll Erde auf und atme ihren Geruch ein, oder lege Deine Hand auf einen Stein und fühle, ob er warm oder kalt, rauh oder glatt ist. Wenn Du etwas entdeckst, das Dein besonderes Interesse weckt – vielleicht einen Baum mit Früchten, eine Blume, ein Tier, das in der Erde lebt –, verweile, betrachte es genau von allen Seiten, rieche, schmecke, fühle und versuche, die Dinge ganz zu erfassen … und dann geh wieder weiter. Wenn Du vom Imaginieren müde wirst oder keine Lust mehr hast, atme mehrmals ganz tief durch, reck Dich, wie nach dem Aufwachen, spanne die Muskeln an, und erst dann öffne die Augen.

Stampfen – eine Körpermeditation

Stampfen ist etwas ganz Wunderbares. Es schafft Kontakt zur Erde, Standfestigkeit, und oft lockert sich nach einer Weile auch die Wut oder die Trauer, die uns blockiert. Dann tut es vielleicht gut zu schreien, zu singen, zu lachen oder auch zu weinen. Geben Sie Ihrem Bedürfnis einfach nach.

Besorgen Sie sich Trommelmusik, legen Sie die Musik auf, und stampfen Sie einfach drauflos. Welchen Rhythmus Sie wählen, liegt bei Ihnen. Wichtig ist, die eigene Scheu zu überwinden und für zehn oder zwanzig Minuten wirklich kräftig auf den Boden zu stampfen. Danach bleiben Sie mindestens fünf Minuten einfach mit geschlossenen Augen stehen und fühlen Ihren Körper. Sie werden spüren, wie er vibriert, und wie fest Sie mit der Erde verwachsen sind.

Tip: Wenn Sie nicht im Erdgschoß wohnen, werden Ihre Nachbarn wahrscheinlich nicht so erfreut über diese Übung sein. Dann nehmen Sie einen Kassettenrekorder mit und suchen sich irgendwo draußen ein ruhiges, passendes Fleckchen. Oder besuchen Sie eine Freundin, die einen Garten hat. Übrigens: Auch ohne Musik läßt sich gut stampfen!

Stille Meditation im Liegen

Legen Sie sich flach auf die Erde, spreizen Sie Arme und Beine ab, und schließen Sie die Augen. Gönnen Sie sich zwanzig Minuten. Fühlen Sie einfach nur den Kontakt zur Erde, und versuchen Sie, an nichts zu denken. Gedanken, die kommen, nehmen Sie wahr und lassen sie einfach wieder gehen, wie eine Wolke, die vorüberzieht.

Rituale

Das schönste Erdritual, das ich kenne, ist, nach der Geburt eines Kindes den Mutterkuchen zu vergraben. Dieses uralte Ritual, das noch aus matriarchalen Zeiten stammt, hat den Sinn, an die Erde das zurückzugeben, was man nicht mehr braucht, und sie damit zu ehren und ihr für das Kind zu danken (»Von Erde kommst du – zu Erde wirst du«). In diesem Sinne wurde auch nach einer Schlachtung immer etwas von dem Tier (meist die Gedärme) an die Erde übergeben – zum Dank, und weil sich die Menschen bewußt waren, daß ihnen nichts von dem, was sie sich nehmen, wirklich gehört. Machen Sie sich immer mal wieder bewußt, daß nicht nur unsere Nahrung, sondern einfach alles, was wir nutzen, von der Erde kommt, und daß die Erde, die wir oft so schlecht behandeln, die Basis allen Lebens ist.

Wenn Sie etwas loslassen wollen, übergeben Sie es feierlich der Erde. Ein guter Zeitpunkt für dieses Ritual ist die Neumondnacht.

Beispiel: Ich hatte einmal einen Klienten, der nach vielen Jahren großen Leides zu der Einsicht kam, seine frühzeitig an Krebs verstorbene Mutter loslassen zu müssen, um endlich sein eigenes Leben leben zu können. Er wollte das für sich irgendwie sichtbar machen und dachte dabei an ein Ritual. Im Gespräch fiel ihm der Bademantel seiner Mutter ein, den er immer noch besaß und ab und zu sogar trug. Er beschloß, diesen Bademantel der Erde zu übergeben, ihn »zu begraben«, und damit auch seine Mutter endgültig zu beerdigen. Danach fühlte er sich leicht und befreit.

Imaginationen, Meditationen und Rituale für Feuertage

Feuer erleben (Imagination)

Lege Dich bequem hin und schließe die Augen. Konzentriere Dich auf den Solarplexus und atme dabei ruhig und tief. Stell Dir vor, bei jedem Einatmen nimmst Du neue Energie auf, bei jedem Ausatmen läßt Du verbrauchte Energie mit dem Atem ausströmen …

Jetzt entzünde in Gedanken ein Feuer. Es kann ein Lagerfeuer sein, eine Kerze, eine Fackel. Sitze einfach nur da und betrachte dieses Feuer, warte ab, welche Gedanken Dir dazu kommen, was Dir das Feuer gibt oder nimmt.

Wenn Du möchtest, versuche, einen Schritt weiter zu gehen und mit diesem Feuer zu verschmelzen. Was fühlst und erlebst Du dabei? Wie ist es, Dinge zu verbrennen? Wie ist es, Wärme zu spenden?

Wenn Du müde wirst oder keine Lust mehr hast, atme mehrmals ganz tief durch, reck Dich, wie nach dem Aufwachen, spanne die Muskeln an, und erst dann öffne die Augen.

Stille Meditation

Setzen Sie sich vor eine Kerze, schauen Sie in das Licht, und versuchen Sie, an nichts zu denken. Wenn Gedanken kommen, lassen Sie es kurz zu, und lassen Sie die Gedanken dann einfach wieder gehen. Nehmen Sie sich 20 Minuten Zeit, um einmal nichts zu tun, als still vor der Kerze zu sitzen.

Tanzmeditation

Diese Meditation ist nicht nur für Feuertage geeignet, sondern auch als Vollmondmeditation. Vielleicht haben Sie Freundinnen, die Lust haben, mit Ihnen um ein Feuer zu tanzen. Die Schritte sind nicht wichtig, wichtig ist aber, daß Sie für mindestens zwanzig Minuten ganz bei sich bleiben. Während Sie stampfend, drehend oder hüpfend im Kreis herumtanzen, können Sie auch singen, kreischen oder einfach nur Töne entstehen lassen. Alles, was aus dem Innersten kommt, ist erlaubt – nur nicht Herumalbern und mit den anderen zu reden, denn es lenkt Sie ab.

Sie werden staunen, wie befreiend ein meditativer Feuertanz sein kann!

Feuerritual

Möchten Sie sich von einer alten Last befreien? Von einer aussichtslosen Liebe, von einer Sucht – zum Beispiel der Sucht, Süßes in sich hineinzustopfen?

Schreiben Sie es auf einen Zettel (z. B.: Ich kann auch ohne Schokolade zufrieden sein!), und verbrennen Sie diesen Zettel im offenen Feuer. Sagen Sei dabei: »Ich übergebe Dir, was ich nicht mehr brauche, du verwandelst es für mich in etwas Neues.« Sagen Sie es dreimal, denn was dreimal gesagt ist, wird wahr. Das ist kein Hexenzauber, sondern eine alte Erfahrung: *Das Unterbewußtsein braucht diese Wiederholung, um etwas zu verinnerlichen.*

Imaginationen, Meditationen und Rituale für Lufttage

Luft erleben (Imagination)

Lege Dich bequem hin und schließe die Augen. Stell Dir vor, bei jedem Einatmen nimmst Du neue Energie auf, bei jedem Ausatmen läßt Du verbrauchte Energie mit dem Atem ausströmen …

Nun stelle Dir vor, Du spazierst über eine weite Ebene, und ein starker Wind kommt auf. Du läßt Dich auf diesen Wind ein. Du läßt Dich schieben, Du breitest die Arme aus und legst Dich in diesen Wind. Wenn Du Sorgen hast, laß sie einfach los und laß sie vom Wind forttragen.

Wenn Du Lust hast, gehe einen Schritt weiter. Stell Dir vor, Dir wachsen Flügel, und laß Dich vom Wind tragen. Schau Dir die Welt aus dieser neuen Perspektive an, oder genieße es einfach, herumzuwirbeln.

Und wenn Du müde bist oder keine Lust mehr hast, lande wieder, stampfe in Gedanken ein paarmal fest auf den Boden, dann atme ganz tief durch, reck Dich, wie nach dem Aufwachen, spanne die Muskeln an, und erst dann öffne die Augen.

Stille Meditation

Wenn es ein windiger Tag ist, dann gehen Sie doch einmal nach draußen an einen stillen, windigen Ort, und setzen Sie sich für zwanzig Minuten mit geschlossenen Augen hin. Versuchen Sie, dabei an nichts zu denken, fühlen Sie nur die Luft, die sich bewegt, den Wind, wie er mit Ihrem Haar spielt, über Ihr Gesicht oder die Arme streicht. Wenn Gedanken kommen, sehen Sie diese einen Moment an und geben sie einfach dem Wind mit.

Körpermeditation

Wenn sich die Gelegenheit dazu bietet und Sie Lust haben, gehen Sie bei starkem Wind einfach mal hinaus und machen das, was in der Imagination beschrieben wurde. Lassen Sie sich schieben, und legen Sie sich in den Wind. Tanzen oder kämpfen Sie mit ihm, und erfahren Sie so körperlich das, was Sie sonst einfach einatmen, ohne darüber nachzudenken, und wovon Sie leben: Luft.

Luftritual

Luft wird für uns Menschen sichtbar durch den Wind, wenn er Dinge bewegt, durch Hitze (Flirren) oder durch Rauch, der aufsteigt. Ein Ritual an Lufttagen könnte darum auch mit Hilfe eines Feuers begangen werden. Nehmen wir als Beispiel nochmals den Bademantel meines Klienten (siehe Erdritual). Er hätte ihn auch verbrennen können. Durch den Rauch, der entsteht, wird die Veränderung des Stoffes hin zu einer anderen Materie sichtbar (Rauch symbolisiert auch den Äther oder die Seele). Man könnte sagen, die Mutter, die von ihrem Sohn immer noch auf dieser Welt festgehalten wurde, wird jetzt endlich befreit und kann in den Äther aufsteigen.

Ein anderes Ritual kann so aussehen: Sie wollen wieder etwas loslassen. Die Schokolade? Den Freund, der Sie längst verlassen hat? Dann binden Sie ein Stück Schokolade oder einen einzelnen Handschuh Ihres Freundes, der immer noch sinnlos bei Ihnen herumliegt, an einen Helium-Luftballon und »lassen Sie los«. Schauen Sie dem Luftballon nach, bis Sie ihn nicht mehr sehen können, bis er ganz aus Ihrem Leben verschwunden ist, und beschließen Sie die Sache, indem Sie dreimal sagen: »Es ist vorbei.«

Imaginationen, Meditationen und Rituale für Wassertage

Wasser erleben (Imagination)

Lege Dich bequem hin und schließe die Augen. Stell Dir vor, bei jedem Einatmen nimmst Du neue Energie auf, bei jedem Ausatmen läßt Du verbrauchte Energie mit dem Atem ausströmen …

Nun stelle Dir vor, Du bist in einer Umgebung mit Flüssen, Bächen, natürlichen Wasserbecken und Wasserfällen – oder am Meer. Dann ziehe Deine Kleidung aus, und gehe nackt ins Wasser. Stell dir vor, durch einen geheimen Zauber bekommst Du neben Deiner Lunge auch Kiemen. Du kannst also auch unter Wasser atmen. Schwimme, tauche, tummle Dich nach Herzenslust, mach Dich bekannt mit dem Element Wasser, und bleibe, solange es Dir guttut. Wenn Du Lust hast, verschmelze mit dem Wasser, werde selbst zu Wasser, und fühle, wie es ist, zu zerfließen.

Wenn Du müde wirst oder keine Lust mehr hast, atme mehrmals ganz tief durch, reck Dich, wie nach dem Aufwachen, spanne die Muskeln an, und erst dann öffne die Augen.

Der Wasserfall (Imagination)

Lege Dich bequem hin und schließe die Augen. Konzentriere Dich auf den Solarplexus und atme dabei ruhig und tief. Stell Dir vor, bei jedem Einatmen nimmst Du neue Energie auf, bei jedem Ausatmen läßt Du verbrauchte Energie mit dem Atem ausströmen …

Stell Dir vor, du gehst zu einem Wasserfall. Lege Deine Kleidung ab und stell Dich unter den Wasserfall. Laß Dich abspülen und gib dem Wasser alles mit, was du loslassen möchtest. Stell Dir vor, Deine Sorgen werden einfach weggeschwemmt.

Wenn Du müde wirst oder keine Lust mehr hast, atme mehrmals ganz tief durch, reck Dich, wie nach dem Aufwachen, spanne die Muskeln an, und erst dann öffne die Augen.

Stille Meditation

Lassen Sie sich Wasser in die Badewanne laufen. Stellen Sie überall Kerzen auf. Vielleicht möchten Sie leise Meditationsmusik hören? Legen Sie sich in die Badewanne, versuchen Sie an nichts zu denken – genießen Sie einfach.

Körpermeditation

Suchen Sie sich einen flachen Bach. Gehen Sie hinein, und waten Sie los. Stampfen und spritzen Sie ruhig auch mal. Wenn das Wasser sehr kalt ist, schreien Sie, und spüren Sie, wie die Kälte auf Sie wirkt.
Tip: Nehmen Sie Badeschuhe mit!

Körpermeditation im warmen Wasser

Wenn Sie das Glück haben, in der Nähe eines Kurbades zu wohnen, das auch über ein Warmwasserbecken verfügt und für jeden geöffnet ist, nehmen Sie eine Person Ihres Vertrauens mit, und lassen Sie sich von dieser Person auf beiden Armen zwanzig Minuten durch das Wasser tragen. Schließen Sie dabei die Augen, denken Sie nicht, sondern fühlen Sie nur. Ihr Partner sollte darauf achten, daß Ihr Körper ganz mit warmem Wasser bedeckt ist, Sie aber nicht mit dem Gesicht untertauchen. Wenn die zwanzig Minuten vorbei sind, stellen Sie sich vorsichtig hin (Sie werden sich fast »schwerelos« fühlen), und stampfen Sie ein wenig, um wieder

Bodenkontakt zu bekommen. Dann tauschen Sie die Rollen, damit Ihr Partner ebenfalls in den Genuß dieser wunderbaren Übung kommt.

Übrigens ist man im Wasser sehr leicht, und zwanzig Minuten Tragen sind kein Problem.

Imaginationen, Meditationen und Rituale bei Voll- oder Neumond

Vollmondimagination

Lege Dich bequem hin und schließe die Augen. Konzentriere Dich auf den Solarplexus und atme dabei ruhig und tief. Stell Dir vor, bei jedem Einatmen nimmst Du neue Energie auf, bei jedem Ausatmen läßt Du verbrauchte Energie mit dem Atem ausströmen …

Und nun suche Dir in der Vorstellung einen sicheren, angenehmen Platz in der freien Natur. Über Dir ist der Vollmond. Stell Dir vor, er strömt sein Licht über Dir aus. Dieses Licht fällt auf Dich herab, und Du tauchst ganz in es ein, als würdest Du in einem Wasserfall baden. Bade in diesem Licht und tanke Energie auf, solange es Dir guttut.

Wenn Du müde wirst oder keine Lust mehr hast, atme mehrmals ganz tief durch, reck Dich, wie nach dem Aufwachen, spanne die Muskeln an, und erst dann öffne die Augen.

Stille Vollmondmeditation

Setzen Sie sich bei Vollmond an einen sicheren Platz unter freiem Himmel. Das kann auch der eigene Balkon oder der Garten sein. Sehen Sie den Mond an, und denken Sie dabei an nichts. Gedanken, die kommen, werden wahrgenommen und dann wieder losgelassen. Sitzen Sie so zwanzig Minuten ganz ruhig.

Vollmondritual

Bauen Sie sich aus Holz eine Art Schiff – eine runde, eckige oder ovale Holzplatte mit einem aus dicker Pappe aufgezogenen Rand von fünf Zentimetern oder eine Zigarrenkiste aus Holz genügen vollkommen. Füllen Sie Ihr Schiff mit bunten Blumen, setzen Sie ein Teelicht mit einem Windschutz darauf, und legen Sie einen Zettel hinein, auf dem Sie mit wenigen Worten ausdrücken, was Sie in Ihrem Leben verändern, erneuern oder loslassen wollen. Zum Beispiel: »Ich werde meine Ernährung umstellen und in einem halben Jahr fünf Kilo abnehmen.« Dann fahren Sie in einer Vollmondnacht zu einem Fluß oder See (suchen Sie sich vorher schon eine Stelle aus, an der Sie das Ufer leicht und gefahrlos erreichen können), und geben Sie Ihr Schiff mit einem kräftigen Schubs dem Wasser mit.

Sie werden Ihr Schiff dank der Kerze noch sehr lange sehen können. Bleiben Sie in Gedanken bei ihm und bei dem Vorhaben, das auf Ihrem Zettel steht.

Dies ist übrigens ein Ritual, das sich, wie der Feuertanz, sehr gut in einer Gruppe durchführen läßt. Statt einem Schiffchen schwimmen dann vielleicht zehn davon – das ist ein wunderschöner Anblick!

Eine Neumondmeditation

Legen Sie sich bequem hin und schließen Sie die Augen. Konzentrieren Sie sich auf den Solarplexus und atmen Sie dabei ruhig und tief. Stellen Sie sich vor, bei jedem Einatmen neue Energie aufzunehmen, bei jedem Ausatmen verbrauchte Energie mit dem Atem ausströmen zu lassen …

Nun gehen Sie mit Ihrer Konzentration in den kleinen Zeh Ihres rechten Fußes, und versuchen Sie sich vorzustellen, wie er aussieht. Dann gehen Sie weiter in den nächsten Zeh, in den übernächsten, bis zum großen Zeh.

Nun lassen Sie Ihr inneres Auge über den Rist bis zum Knöchel wandern und stellen sich ihn genau vor. Dann tasten Sie mit Ihrem inneren Blick die Ferse ab und wandern langsam hinauf zur Wade und bis zum Knie.

Nun sehen Sie sich Ihre Knie an, umwandern sie es mit Ihrem Blick, verharren einen Moment in der Kniekehle, und tasten sich dann weiter am Oberschenkel entlang bis zum Hüftgelenk hinauf.

Nun gehen Sie mit Ihrer Konzentration in Ihre linke kleine Zehe und wiederholen diese Wanderung über die Zehen, den Knöchel, die Wade, Knie und Kniekehle, weiter den Oberschenkel entlang bis zur Hüfte auf dieser Seite.

Genauso verfahren Sie nun mit Ihren Fingern, Händen und Armen. Zuerst der rechte Arm, dann der linke.

Schließlich stellen Sie sich Ihre Stirn vor, und dann lassen Sie alle Gedanken los und fühlen die angenehme Leere in sich. Die Meditation sollte mindestens zwanzig Minuten dauern. Falls Sie diese Übung im Bett machen und dabei einschlafen, ist das in Ordnung. Nehmen Sie sich vor, am nächsten Tag frisch und ausgeruht zu erwachen.

Falls Sie die Übung vorher abbrechen möchten, ist es ganz wichtig, mehrmals ganz tief durchzuatmen, sich zu recken und zu strecken und dabei alle Muskeln anzuspannen.

All diese Übungen sind lediglich als Vorschläge gedacht. Es geht nicht darum, daß Sie eine Imagination bis aufs I-Tüpfelchen befolgen. Es geht vielmehr darum, einmal ganz bewußt die Kraft der Erde zu erleben oder die Leichtigkeit der Luft, sich auf das Element Wasser oder Feuer einzulassen und sich selbst etwas Gutes zu tun.

Sich selbst verwöhnen

Der Liste auf S. 52 können Sie entnehmen, welche Körperpartien mit welchen Tierkreiszeichen in Verbindung stehen. Zum Beispiel Jungfrau mit dem Blutkreislauf, Fische mit den Füßen. An Jungfrautagen könnte es Ihnen guttun, in vernünftigem Maße zu joggen, um den Kreislauf in Schwung zu bringen, an Fischetagen sollten Sie Ihre Füße nicht überbelasten und ihnen etwas Gutes tun. So wäre an Fischetagen eine ausgiebige Fußmassage eine gute Möglichkeit, sich sinnvoll zu verwöhnen. Vielleicht möchte Ihr Partner oder eine Freundin das für Sie tun, oder Sie verwöhnen Ihre Füße zuerst mit einem entspannenden Fußbad und massieren sie anschließend selbst.

Hierzu ein paar Vorschläge:
(* = besonders zu empfehlen; – = unbedingt vermeiden)

Widdertage

* Kopfmassage, stille Feuermeditation, Augenkompressen bei leiser Musik, Räucherstäbchen entzünden, bei Vollmond um ein Feuer tanzen, Streicheln

– mit müden Augen lesen, sich trotz Müdigkeit intellektuell überfordern (besser den Kopf durch Meditation entlasten)

Stiertage

* Kneipp-Anwendungen, Joggen, Nackenmassage, leise Musik hören, das Zahnfleisch mit Kampfer massieren, Singen und Töne formen, um die Stimmbänder zu massieren

– Falls Sie mit dem Blutkreislauf Probleme haben, sollten Sie sich körperlich keinesfalls übernehmen.

Zwillingetage

* Handmassage, Massage von Schulter und Rücken, ausgedehnter Spaziergang bei jedem Wetter
- Zugluft (bei kühler Witterung warm anziehen, da die Lunge besonders empfindlich ist)

Krebstage

* ausgedehnter Spaziergang bei jedem Wetter, entspannende Meditationen oder Imaginationen, leichte Kost, Entschlackungstage (z. B. Obst- oder Reistage), Streicheln
- Ärger, Zugluft, Schwitzen bei zu dünner Kleidung

Löwetage

* Rückenmassage, Schwimmen, Wechselduschen (kalt/heiß), Lachen (Zwerchfellgymnastik), alles Sinnliche, Streicheln
- Überbelastung des Rückens oder des Herzens

Jungfrautage

* Entspannungsmassage, stille Meditation, Stampfen, Joggen (in vernünftigem Maße), Darmreinigung durch Fasten oder ein sanfter, lauwarmer Einlauf ohne Zusätze
- Überbelastung des Kreislaufes, körperliche Anstrengung bei Hitze

Waagetage

* Bauchtanz oder ähnliche Bewegungen, Tanzen, Beckenmassage, Nieren spülen (sehr viel Wasser und grünen Tee trinken)
- kalt sitzen, Zugluft an den Nieren

Skorpiontage

* Entspannungsmassage, Meditation bzw. Imagination, Sex und Zärtlichkeit, viel Flüssigkeit zu sich nehmen
- Sex trotz Widerwillens, Situationen, die zu Anspannung führen

Schützetage

* Wechselduschen der Beine (heiß/kalt), speziell der Oberschenkel, Oberschenkelmassage, Schwimmen, Radfahren (in vernünftigem Maße), Streicheln
- Venenprobleme, Muskelkater in den Beinen

Steinbocktage

* Moorbad, sanfte Gelenkmassagen, Vollbad mit hautpflegenden Zusätzen (am besten rückfettend), den ganzen Körper sanft mit pflegender Lotion massieren
- Sonnenbrand, Überbeanspruchung der Gelenke

Wassermanntage

* Wadenmassage, Radfahren (in vernünftigem Maße), Gymnastik für die Unterschenkel, Wechselduschen der Beine (heiß/kalt)
- Venenprobleme, Muskelkater in den Beinen

Fischetage

* Fußmassage, pflegende und entspannende Fußbäder, entspannende Meditation bzw. Imagination, Streicheln, Sauna
- Gewaltmärsche, Tragen von zu kleinen oder neuen Schuhen

Gärtnern mit dem Mond

Falls Sie in der glücklichen Lage sind, selbst Kräuter, Obst und Gemüse anbauen zu können, sollten Sie darauf achten, bei richtigem Sonnen- und Mondstand zu ernten. So können Sie die volle Kraft der Natur genießen.

Hier einige wichtige Tips:

Auch Pflanzen haben ihren Tagesrhythmus. Sobald es hell wird, steigt die Kraft einer Pflanze nach oben. Um die Mittagszeit hat sich die Kraft bis in die Blüte hinein entfaltet, und am frühen Nachmittag, so gegen 15 Uhr, richtet sich die Pflanze bereits wieder darauf ein, »schlafen zu gehen«. Die Säfte steigen langsam ab, die Blütenknospen beginnen sich zu schließen. Gegen Abend hat sich die Kraft der Pflanze wieder vollkommen in die Wurzel zurückgezogen.

Am besten erntet man Wurzeln also morgens oder abends, vorzugsweise bei Dunkelheit, Blüten hingegen am späten Vormittag oder um die Mittagszeit, wenn sie sich völlig geöffnet haben. Blätter können schon am frühen Vormittag geerntet werden, sobald der Tau getrocknet ist. Früchte (und Samen) behalten ihre Kraft in sich und können im allgemeinen ganztägig gepflückt werden.

Aber auch auf den Mondstand sollte geachtet werden.

Wurzeln erntet man am besten im Frühjahr oder Herbst bei Vollmond oder in den zehn folgenden Tagen, alternativ bei absteigendem Mond und an den Erdtagen. Sie erinnern sich an die Meditation zur absteigenden Kraft? Dann wissen Sie auch, warum dies die beste Zeit zum Ernten der Wurzeln ist – die Säfte sind jetzt in den Pflanzenteilen unter der Erde.

Blätter (Salat) und Kraut sollten *vor* der Blüte geerntet werden, am besten bei zunehmendem Mond (aufsteigende Säfte) oder alternativ bei aufsteigendem Mond oder an Wassertagen.

Blüten erntet man bei zunehmendem Mond oder Vollmond oder alternativ bei aufsteigendem Mond oder an Lufttagen.

Früchte (und Samen) sollten bei der Ernte voll ausgereift aber nicht über die Zeit sein. Als Erntezeit sind zunehmender Mond, aufsteigender Mond oder Feuertage geeignet.

Aber egal, was und wann auch immer Sie ernten – die wichtigste aller Regeln ist diese: Niemals sollte das Wetter beim Ernten naß und trüb sein, ganz besonders dann nicht, wenn Blüten, Blätter oder Früchte getrocknet oder gelagert werden sollen. Ein heller, trockener Tag ist vorzuziehen, selbst dann, wenn der Mondstand gerade nicht optimal ist.

Der Mond und seine Mutter

Zum Abschluß möchte ich Ihnen noch ein Märchen erzählen, das Sie vielleicht zum Schmunzeln bringen und den einen oder anderen an sich selbst erinnern wird. Man hetzt durchs Leben, man nimmt ab und zu, heute zwickt der Rock, morgen schlottert er wieder an einem herum, und manchmal möchte man schier verzweifeln! Dem Mond und seiner Mutter ging es genauso:

Der Mond sprach einmal zu seiner Mutter, sie möchte ihm doch ein warmes Kleid machen, weil die Nächte so kalt wären.

Sie nahm ihm das Maß, und er lief davon; wie er aber über ein Kleines wiederkam, so war er so groß geworden, daß das Röcklein nirgends passen wollte. Die Mutter fing daher an, die Nähte zu trennen, um es auszulassen, allein da dies dem Mond zu lange dauerte, so ging er wieder fort seines Weges. Die Mutter nähte emsig an dem Kleid und saß manche Nacht auf beim Sternenschein.

Als nun der Mond zurückkam und viel gelaufen hatte, so hatte er sehr abgenommen, war dünn und bleich geworden, daher ihm das Kleid viel zu weit war und die Ärmel schlotterten ihm bis auf die Knie. Da wurde die Mutter gar sehr verdrossen, daß er ihr solche Possen spiele, und verbot ihm, je wieder in ihr Haus zu kommen.

Deswegen muß nun der arme Schelm nackt und bloß am Himmel laufen, bis jemand kömmt, der ihm ein Röcklein tut kaufen.

(Von Jacob Grimm, Erster Band der Kinder- und Hausmärchen, 1812)

Übersichtstabelle

Tierkreiszeichen	Element	auf- oder absteigender Mond	Pflanzenteil	Nahrung	Körperregion
Widder	Feuer (Wärme)	auf	Frucht	Eiweiß	Kopf, Gesicht
Stier	Erde (Kälte)	auf	Wurzel	Salz	Kiefer, Hals, Nacken, Mund und Rachen
Zwillinge	Luft (Licht)	auf/ab	Blüte	Fett Lunge	Schultern, Arme, Hände,
Krebs	Wasser (Feucht)	ab	Blatt	Kohlen-hydrate	Brust, Lunge, Magen, Galle, Leber
Löwe	Feuer (Wärme)	ab	Frucht	Eiweiß	Blutkreislauf, Herz, Rücken
Jungfrau	Erde (Kälte)	ab	Wurzel	Salz	Stoffwechsel, Verdauung und die zugehörigen Organe
Waage	Luft (Licht)	ab	Blüte	Fett	Hüfte, Nieren und Blase
Skorpion	Wasser (Feucht)	ab	Blatt	Kohlen-hydrate	Geschlechts-organe, Harn-leiter
Schütze	Feuer (Wärme)	ab/auf	Frucht	Eiweiß	Oberschenkel, Venen
Steinbock	Erde (Kälte)	auf	Wurzel	Salz	Knochen und Gelenke allge-mein, Knie speziell, Haut
Wassermann	Luft (Licht)	auf	Blüte	Fett	Unterschenkel, Venen
Fische	Wasser (Feucht	auf	Blatt	Kohlen-hydrate	Füße

Mondkalender 2000

Tag	Jan.	Feb.	März	Apr.	Mai	Juni	Juli	Aug.	Sept.	Okt.	Nov.	Dez.
1	♏	♐	♑	♓	♈	♉	♋ ●	♌	♎	♏	♑	♒
2	♏	♑	♑	♓	♈	♊ ●	♋	♍	♏	♐	♑	♒
3	♐	♑	♒	♓	♉	♊	♌	♍	♏	♐	♒	♓
4	♐	♒	♒	♈ ●	♉ ●	♋	♌	♎	♏	♑	♒ ☽	♓ ☽
5	♑	♒ ●	♓	♈	♊	♋	♍	♎	♐ ☽	♑ ☽	♒	♓
6	♑ ●	♒	♓ ●	♉	♊	♌	♍	♏	♐	♑	♓	♈
7	♑	♓	♈	♉	♋	♌	♎	♏ ☽	♑	♒	♓	♈
8	♒	♓	♈	♊	♋	♍	♎ ☽	♐	♑	♒	♈	♉
9	♒	♈	♈	♊	♌	♍ ☽	♎	♐	♑	♒	♈	♉
10	♓	♈	♉	♋	♌ ☽	♎	♏	♐	♒	♓	♈	♊
11	♓	♉	♉	♋ ☽	♍	♎	♏	♑	♒	♓	♉ ○	♊ ○
12	♓	♉	♊	♌	♍	♏	♐	♑	♓	♈	♉	♋
13	♈	♊ ☽	♊ ☽	♌	♎	♏	♐	♒	♓ ○	♈ ○	♊	♋
14	♈ ☽	♊	♋	♍	♎	♏	♐	♒	♓	♉	♊	♌
15	♉	♊	♋	♍	♎	♐	♑	♒ ○	♈	♉	♋	♌
16	♉	♋	♌	♍	♏	♐	♑ ○	♓	♈	♊	♋	♍
17	♊	♋	♌	♎	♏	♑ ○	♒	♓	♉	♊	♌	♍
18	♊	♌	♍	♎ ○	♏ ○	♑	♒	♈	♉	♋	♌ ☾	♎ ☾
19	♋	♌ ○	♍	♏	♐	♑	♒	♈	♊	♋	♍	♎
20	♋	♍	♎ ○	♏	♐	♒	♓	♈	♊	♋ ☾	♍	♎
21	♌ ○	♍	♎	♐	♑	♒	♓	♉	♋ ☾	♌	♎	♏
22	♌	♎	♎	♐	♑	♓	♈	♉ ☾	♋	♌	♎	♏
23	♍	♎	♏	♐	♑	♓	♈	♊	♌	♍	♏	♐
24	♍	♏	♏	♑	♒	♓	♉ ☾	♊	♌	♍	♏	♐
25	♎	♏	♐	♑	♒	♈ ☾	♉	♋	♍	♎	♏	♑ ●
26	♎	♏	♐	♒ ☾	♓ ☾	♈	♉	♋	♍	♎	♐ ●	♑
27	♎	♐ ☾	♑	♒	♓	♉	♊	♌	♍ ●	♏ ●	♐	♑
28	♏ ☾	♐	♑ ☾	♒	♓	♉	♊	♌	♎	♏	♑	♒
29	♏	♑	♑	♓	♈	♊	♋	♍ ●	♎	♐	♑	♒
30	♐		♒	♓	♈	♊	♋	♍	♏	♐	♑	♓
31	♐		♒		♉		♌ ●	♎		♐		♓

Mondkalender 2001

Tag	Jan.	Feb.	März	Apr.	Mai	Juni	Juli	Aug.	Sept.	Okt.	Nov.	Dez.
1	♓	♉☽	♉	♋☽	♌	♎	♏	♑	♒	♓	♉○	♊
2	♈☽	♉	♊	♋	♍	♎	♐	♑	♓○	♈○	♉	♋
3	♈	♊	♊☽	♌	♍	♏	♐	♒	♓	♈	♊	♋
4	♉	♊	♋	♌	♎	♏	♐	♒○	♓	♉	♊	♋
5	♉	♋	♋	♍	♎	♐	♑○	♒	♈	♉	♋	♌
6	♉	♋	♌	♍	♏	♐○	♑	♓	♈	♉	♋	♌
7	♊	♌	♌	♎	♏○	♑	♒	♓	♉	♊	♌	♍☾
8	♊	♌○	♍	♎○	♏	♑	♒	♈	♉	♊	♌☾	♍
9	♋○	♍	♍○	♏	♐	♑	♒	♈	♊	♋	♌	♎
10	♋	♍	♎	♏	♐	♒	♓	♈	♊☾	♋☾	♍	♎
11	♌	♎	♎	♐	♑	♒	♓	♉	♊	♌	♍	♏
12	♌	♎	♎	♐	♑	♓	♈	♉☾	♋	♌	♎	♏
13	♍	♏	♏	♐	♒	♓	♈☾	♊	♋	♍	♎	♐
14	♍	♏	♏	♑	♒	♓☾	♈	♊	♌	♍	♏	♐●
15	♎	♐☾	♐	♑☾	♒☾	♈	♉	♋	♌	♎	♏●	♑
16	♎☾	♐	♐☾	♒	♓	♈	♉	♋	♍	♎●	♐	♑
17	♏	♐	♑	♒	♓	♉	♊	♌	♍●	♏	♐	♑
18	♏	♑	♑	♒	♈	♉	♊	♌	♎	♏	♑	♒
19	♐	♑	♑	♓	♈	♊	♋	♍●	♎	♐	♑	♒
20	♐	♒	♒	♓	♈	♊	♋●	♍	♏	♐	♒	♓
21	♐	♒	♒	♈	♉	♋●	♌	♎	♏	♐	♒	♓
22	♑	♒	♓	♈	♉	♋	♌	♎	♐	♑	♒	♓☽
23	♑	♓●	♓	♉●	♊●	♋	♍	♏	♐	♑	♓☽	♈
24	♒●	♓	♓	♉	♊	♌	♍	♏	♑☽	♒☽	♓	♈
25	♒	♈	♈●	♉	♋	♌	♎	♏☽	♑	♒	♈	♉
26	♒	♈	♈	♊	♋	♍	♎	♐	♑	♒	♈	♉
27	♓	♈	♉	♊	♌	♍	♏☽	♐	♒	♓	♈	♉
28	♓	♉	♉	♋	♌	♎☽	♏	♑	♒	♓	♉	♊
29	♈		♊	♋	♍☽	♎	♐	♑	♓	♈	♉	♊
30	♈		♊	♌	♍	♏	♐	♑	♓	♈	♊○	♋○
31	♈		♊		♍		♐	♒		♈		♋

Mondkalender 2002

Tag	Jan.	Feb.	März	Apr.	Mai	Juni	Juli	Aug.	Sept.	Okt.	Nov.	Dez.
1	♌	♎	♎	♐	♑	♒	♓	♉ ☾	♊	♌	♍	♏
2	♌	♎	♎	♐	♑	♓	♈ ☾	♉	♋	♌	♎	♏
3	♍	♏	♏	♑	♒	♓ ☾	♈	♊	♋	♌	♎	♐
4	♍	♏ ☾	♏	♑ ☾	♒ ☾	♈	♉	♊	♌	♍	♏ ●	♐ ●
5	♎	♏	♐	♑	♒	♈	♉	♊	♌	♍	♏	♐
6	♎ ☾	♐	♐ ☾	♒	♓	♈	♉	♋	♍	♎ ●	♐	♑
7	♏	♐	♑	♒	♓	♉	♊	♋	♍ ●	♎	♐	♑
8	♏	♑	♑	♓	♈	♉	♊	♌ ●	♎	♏	♑	♒
9	♐	♑	♑	♓	♈	♊	♋	♌	♎	♏	♑	♒
10	♐	♒	♒	♓	♈	♊	♋ ●	♍	♏	♐	♒	♓
11	♐	♒	♒	♈	♉	♊ ●	♌	♍	♏	♐	♒ ☽	♓ ☽
12	♑	♒ ●	♓	♈ ●	♉ ●	♋	♌	♎	♐	♑	♒	♓
13	♑ ●	♓	♓	♉	♊	♋	♍	♎	♐ ☽	♑ ☽	♓	♈
14	♒	♓	♓ ●	♉	♊	♌	♍	♏	♑	♒	♓	♈
15	♒	♈	♈	♉	♊	♌	♎	♏ ☽	♑	♒	♈	♉
16	♒	♈	♈	♊	♋	♍	♎	♐	♑	♓	♈	♉
17	♓	♈	♉	♊	♋	♍	♎ ☽	♐	♒	♓	♈	♉
18	♓	♉	♉	♋	♌	♎ ☽	♏	♑	♒	♓	♉	♊
19	♈	♉	♉	♋	♌ ☽	♎	♏	♑	♓	♈	♉	♊ ○
20	♈	♊ ☽	♊	♋ ☽	♍	♏	♐	♑	♓	♈	♊	♋
21	♈ ☽	♊	♊	♌	♍	♏	♐	♒	♓ ○	♉ ○	♊ ○	♋
22	♉	♊	♋ ☽	♌	♎	♐	♑	♒ ○	♈	♈	♊	♌
23	♉	♋	♋	♍	♎	♐	♑	♓	♈	♉	♋	♌
24	♊	♋	♌	♍	♏	♐ ○	♒ ○	♓	♉	♊	♋	♌
25	♊	♌	♌	♎	♏	♑	♒	♈	♉	♊	♌	♍
26	♋	♌	♍	♎	♐ ○	♑	♒	♈	♉	♋	♌	♍
27	♋ ○	♍ ○	♍	♏ ○	♐	♒	♓	♈	♊	♋	♍ ☾	♎ ☾
28	♌	♍	♎ ○	♏	♑	♒	♓	♉	♊	♋	♍	♎
29	♌		♎	♐	♑	♓	♈	♉	♋ ☾	♌ ☾	♎	♏
30	♍		♏	♐	♑	♓	♈	♊	♋	♌	♎	♏
31	♍		♏		♒		♈	♊ ☾		♍		♐

Mondkalender 2003

Tag	Jan.	Feb.	März	Apr.	Mai	Juni	Juli	Aug.	Sept.	Okt.	Nov.	Dez.
1	♐	♒ ●	♒	♈ ●	♉ ●	♊	♋	♍	♏	♐	♒ ☽	♓
2	♑ ●	♒	♓	♈	♉	♋	♌	♎	♏	♑ ☽	♒	♓
3	♑	♓	♓ ●	♉	♊	♋	♌	♎	♐ ☽	♑	♓	♈
4	♒	♓	♓	♉	♊	♌	♍	♎	♐	♒	♓	♈
5	♒	♈	♈	♉	♊	♌	♍	♏ ☽	♑	♒	♈	♉
6	♓	♈	♈	♊	♋	♌	♎	♏	♑	♒	♈	♉
7	♓	♈	♉	♊	♋	♍ ☽	♎ ☽	♐	♒	♓	♈	♉
8	♓	♉	♉	♋	♌	♍	♏	♐	♒	♓	♉	♊ ○
9	♈	♉ ☽	♉	♋	♌ ☽	♎	♏	♑	♓	♈ ○	♉ ○	♊
10	♈ ☽	♊	♊	♋ ☽	♍	♎	♐	♑	♓ ○	♈	♊	♋
11	♉	♊	♊ ☽	♌	♍	♏	♐	♒	♓	♈	♊	♋
12	♉	♊	♋	♌	♍	♏	♑	♒ ○	♈	♉	♊	♋
13	♉	♋	♋	♍	♎	♐	♑ ○	♓	♈	♉	♋	♌
14	♊	♋	♌	♍	♎	♐ ○	♑	♓	♉	♊	♋	♌
15	♊	♌	♌	♎	♏	♑	♒	♈	♉	♊	♌	♍
16	♋	♌	♌	♎ ○	♏ ○	♑	♒	♈	♉	♊	♌	♍ ☾
17	♋	♍ ○	♍	♏	♐	♒	♓	♈	♊	♋ ☾	♌ ☾	♎
18	♋ ○	♍	♍ ○	♏	♐	♒	♓	♉	♊ ☾	♋	♍	♎
19	♌	♎	♎	♐	♑	♓	♈	♉	♋	♌	♍	♏
20	♌	♎	♎	♐	♑	♓	♈	♊ ☾	♋	♌	♎	♏
21	♍	♏	♏	♑	♒	♓ ☾	♈ ☾	♊	♋	♍	♎	♐
22	♍	♏	♏	♑	♒	♈	♉	♊	♌	♍	♏	♐
23	♎	♐ ☾	♐	♒ ☾	♓ ☾	♈	♉	♋	♌	♎	♏	♑ ●
24	♎	♐	♐	♒	♓	♉	♊	♋	♍	♎ ●	♐ ●	♑
25	♏ ☾	♐	♑ ☾	♒	♈	♉	♊	♌	♍	♏	♐	♒
26	♏	♑	♑	♓	♈	♉	♊	♌	♎ ●	♏	♑	♒
27	♐	♑	♒	♓	♈	♊	♋	♌ ●	♎	♐	♑	♒
28	♐	♒	♒	♈	♉	♊	♋	♍	♏	♐	♒	♓
29	♑		♓	♈	♉	♋ ●	♌ ●	♍	♏	♑	♒	♓
30	♑		♓	♈	♊	♋	♌	♎	♐	♑	♓ ☽	♈ ☽
31	♑		♓		♊ ●		♍	♎		♑		♈

Mondkalender 2004

Tag	Jan.	Feb.	März	Apr.	Mai	Juni	Juli	Aug.	Sept.	Okt.	Nov.	Dez.
1	♉	♊	♋	♌	♍	♏	♐	♒	♈	♉	♊	♌
2	♉	♊	♋	♍	♎	♐	♑ ○	♓	♈	♉	♋	♌
3	♉	♋	♌	♍	♎	♐ ○	♑	♓	♉	♊	♋	♌
4	♊	♋	♌	♎	♏ ○	♑	♒	♈	♉	♊	♌	♍
5	♊	♌	♌	♎ ○	♏	♑	♒	♈	♉	♋	♌ ☾	♍ ☾
6	♋	♌ ○	♍	♎	♐	♒	♓	♈	♊ ☾	♋ ☾	♌	♎
7	♋ ○	♍	♍ ○	♏	♐	♒	♓	♉	♊	♋	♍	♎
8	♋	♍	♎	♏	♑	♓	♈	♉ ☾	♋	♌	♍	♎
9	♌	♍	♎	♐	♑	♓ ☾	♈ ☾	♊	♋	♌	♎	♏
10	♌	♎	♏	♐	♒	♓	♉	♊	♋	♍	♎	♏
11	♍	♎	♏	♑	♒ ☾	♈	♉	♊	♌	♍	♏	♐
12	♍	♏	♐	♑ ☾	♓	♈	♉	♋	♌	♍	♏ ●	♐ ●
13	♎	♏ ☾	♐ ☾	♒	♓	♉	♊	♋	♍	♎	♐	♑
14	♎	♐	♑	♒	♓	♉	♊	♌	♍ ●	♎ ●	♐	♑
15	♎ ☾	♐	♑	♓	♈	♉	♋	♌	♎	♏	♑	♒
16	♏	♑	♑	♓	♈	♊	♋	♌ ●	♎	♏	♑	♒
17	♏	♑	♒	♈	♉	♊ ●	♋ ●	♍	♎	♐	♒	♓
18	♐	♒	♒	♈	♉	♋	♌	♍	♏	♐	♒	♓ ☽
19	♐	♒	♓	♈ ●	♊ ●	♋	♌	♎	♏	♑	♓ ☽	♈
20	♑	♓ ●	♓ ●	♉	♊	♋	♍	♎	♐	♑ ☽	♓	♈
21	♑ ●	♓	♈	♉	♊	♌	♍	♏	♐ ☽	♒	♓	♉
22	♒	♓	♈	♊	♋	♌	♍	♏	♑	♒	♈	♉
23	♒	♈	♉	♊	♋	♍	♎	♐ ☽	♑	♓	♈	♉
24	♓	♈	♉	♊	♌	♍	♎	♐	♒	♓	♉	♊
25	♓	♉	♉	♋	♌	♍ ☽	♏ ☽	♐	♒	♓	♉	♊
26	♈	♉ ☽	♊	♋	♌	♎	♏	♑	♓	♈	♊ ○	♋ ○
27	♈	♊	♊	♌ ☽	♍ ☽	♎	♐	♑	♓	♈	♊	♋
28	♈	♊	♋	♌	♍	♏	♐	♒	♈ ○	♉ ○	♊	♋
29	♉ ☽	♊	♋ ☽	♌	♎	♏	♑	♒	♈	♉	♋	♌
30	♉		♋	♍	♎	♐	♑	♓ ○	♉	♊	♋	♌
31	♊		♌		♏		♒	♓		♊		♍

Mondkalender 2005

Tag	Jan.	Feb.	März	Apr.	Mai	Juni	Juli	Aug.	Sept.	Okt.	Nov.	Dez.
1	♍	♏	♏	♑	♒ ☾	♈	♉	♊ ☾	♌	♍	♏	♐ ●
2	♍	♏ ☾	♏	♑ ☾	♒	♈	♉	♋	♌	♍	♏ ●	♐
3	♎ ☾	♏	♐ ☾	♒	♓	♉	♊	♋	♍ ●	♎ ●	♏	♑
4	♎	♐	♐	♒	♓	♉	♊	♌	♍	♎	♐	♑
5	♏	♐	♑	♓	♈	♉	♋	♌ ●	♎	♏	♐	♒
6	♏	♑	♑	♓	♈	♊ ●	♋ ●	♌	♎	♏	♑	♒
7	♐	♑	♒	♓	♉	♊	♋	♍	♎	♐	♑	♓
8	♐	♒ ●	♒	♈ ●	♉ ●	♋	♌	♍	♏	♐	♒	♓ ☽
9	♑	♒	♓	♈	♊	♋	♌	♎	♏	♐	♒ ☽	♈
10	♑ ●	♓	♓ ●	♉	♊	♋	♍	♎	♐	♑ ☽	♓	♈
11	♒	♓	♈	♉	♊	♌	♍	♎	♐ ☽	♑	♓	♈
12	♒	♈	♈	♊	♋	♌	♍	♏	♑	♒	♈	♉
13	♓	♈	♉	♊	♋	♍	♎	♏ ☽	♑	♒	♈	♉
14	♓	♉	♉	♋	♌	♍	♎ ☽	♐	♒	♓	♉	♊
15	♈	♉	♉	♋	♌	♍ ☽	♏	♐	♒	♓	♉	♊ ○
16	♈	♊ ☽	♊	♋ ☽	♌ ☽	♎	♏	♑	♓	♈	♉ ○	♋
17	♈ ☽	♊	♊ ☽	♌	♍	♎	♏	♑	♓	♈ ○	♊	♋
18	♉	♊	♋	♌	♍	♏	♐	♒	♈ ○	♉	♊	♋
19	♉	♋	♋	♍	♎	♏	♐	♒ ○	♈	♉	♋	♌
20	♊	♋	♋	♍	♎	♐	♑	♓	♈	♊	♋	♌
21	♊	♌	♌	♍	♎	♐	♑ ○	♓	♉	♊	♌	♍
22	♊	♌	♌	♎	♏	♑ ○	♒	♈	♉	♊	♌	♍
23	♋	♌	♍	♎	♏ ○	♑	♒	♈	♊	♋	♌ ☾	♍ ☾
24	♋	♍ ○	♍	♏ ○	♐	♒	♓	♉	♊	♋	♍	♎
25	♌ ○	♍	♍ ○	♏	♐	♒	♓	♉	♋ ☾	♌ ☾	♍	♎
26	♌	♎	♎	♐	♑	♓	♈	♊ ☾	♋	♌	♎	♏
27	♌	♎	♎	♐	♑	♓	♈	♊	♋	♌	♎	♏
28	♍	♎	♏	♑	♒	♈ ☾	♉ ☾	♊	♌	♍	♎	♐
29	♍		♏	♑	♒	♈	♉	♋	♌	♍	♏	♐
30	♎		♐	♑	♓	♈	♊	♋	♍	♎	♏	♐
31	♎		♐		♓ ☾		♊	♌		♎		♑ ●

Literaturnachweis

Volker Schmiedel, Ganzheitliche Diätetik, Aescura im Verlag Urban & Schwarzenberg, München, Wien 1998.

Barbara G. Walker, Das geheime Wissen der Frauen, Zweitausendeins, Frankfurt a. M. 1993.

Walter A. Appel, Die Macht des Mondes, Goldmann Verlag, München 1989.

Wulfing von Rohr, Mondzyklen als Lebenshilfe, Urania Verlags AG, Neuhausen am Rheinfall 1997.

Johanna Paunegger u. Thomas Poppe, Vom richtigen Zeitpunkt, Irisiana Verlag, München 1991.

Von der Autorin, geb. 1952, sind bisher Sachbücher, Ratgeber, ein Märchenbuch für starke und mutige Frauen mit dem Titel *Die Nacht der Mondfrauen* und 18 Romane unter dem Pseudonym Friederike Costa erschienen. Sie führt in Brautlach bei Ingolstadt eine eigene Praxis für psychologische Lebensberatung. Hier stützt sich ihre Arbeit auf die Deutung innerer Bilder (Katathymes Bilderleben, Traumdeutung und Märchenanalyse).

Rezeptregister

E = Erdtage
F = Feuertage
L = Lufttage
W = Wassertage